탈레스

바티클은 침대에 누운 채로 마지막 유언을 남기고 싶지 않았습니다. 그는 몸을 일으키려 애썼지만, 지독한 관절염 탓에 팔꿈치 하나로 겨우 몸을 지탱하는 것만이 허락될 뿐이었지요. 그의 아들들은 침상 곁에 조용히 서서 그의 마지막 말을 기다리고 있었어요. 그는 마치 신에게 계시라도 받는 듯, 허공을 올려다보았습니다.

"나의 황금 잔을 일곱 현자 중 가장 뛰어난 이에게 전해주길 바란다."

가느다란 목소리가 흘러나왔습니다. 일곱 현자란 그리스에서 가장 지혜롭다고 칭송받는 이들이었습니다. 따라서 그들 중 으뜸은, 두말할 나위 없이 세상에서 가장 지혜로운 사람이었어요.

그의 아들 중 하나인 안팔체는 황금 잔을 받아 자루에

넣고 밀레토스로 가는 배를 구했습니다.

그는 찾고자 했던 사람을 의외로 금방 발견할 수 있었습니다.

일곱 현자 중에서도 가장 큰 존경을 받던 그는 아폴론 신전 바닥에 몸을 굽힌 채 무언가에 몰두하고 있었습니다. 그는 작은 막대기로 땅바닥에 홈을 파며 원과 삼각형을 그리고 있었습니다. 놀랄 일도 아니었지요. 그는 평생을 기하학 연구에 바친 인물이었으니까요.

안팔체는 헛기침을 했습니다.

"저는 아버지의 명을 받아 이곳에 왔습니다."

그가 입을 열었지요.

"아버지는 세상에서 가장 지혜로운 사람을 찾아 이 잔을 주라고 하셨습니다."

그는 자루에서 황금 잔을 꺼내 보였어요.

"이제 이 잔을 당신께 드립니다."

그 남자는 손에 들고 있던 막대기를 떨어뜨리고 턱을 쓰다듬었습니다.

순간, 안팔체는 눈앞의 이 남자, 탈레스가 잔을 받지 않을 것 같다는 느낌이 들었습니다.

이 이야기는 그리스 시인 칼리마코스*가 전한 것이지만, 그리 널리 알려진 이야기는 아닙니다. 적어도 소크라

---

* 칼리마코스, 『이암보스(Giambi)』, 1권, 단편. 191번, 파이퍼(Pfeiffer).

테스의 죽음에 관한 이야기만큼은 아니죠. 하지만 소크라테스의 죽음은 분명 탈레스의 삶과 맞닿아 있습니다. 비록 아무도 그것을 기억하지 못한다 해도 말입니다. 하기야, 탈레스의 삶에 누가 그리 큰 관심을 두겠습니까? 그는 그저 '물을 유별나게 집착했던 철학자'일 뿐인데요. 학교 교과서들조차 그에게 한 페이지 남짓 이상을 할애하지 않습니다.

'최초의 철학자 탈레스는 만물의 근원을 물이라고 여겼다.' 이 한 줄로 그의 사상은 요약되고 맙니다.

하지만 한때 탈레스가 누렸던 명성은 지금과 비교할 수 없을 만큼 대단했습니다. 그는 뛰어난 정치인이자, 능수능란한 조언가였고, 때로는 수완 좋은 사업가이기도 했죠. 작은곰자리를 발견한 것도, 일식을 정확히 예측한 것도 그였습니다. 피라미드의 그림자를 이용해 그 높이를 측정하는 기발한 방법을 고안해 냈고, 1년을 365일로 나누었으며, 오늘날까지도 그의 이름으로 불리는 수학 정리를 남기기도 했습니다. 이것이 전부가 아닙니다.

그런데 왜 우리는 어째서 그를 그저 '물의 철학자'로만 기억하는 걸까요?

사람들은 때때로 우리가 원하는 모습대로 우리를 바라봐 주지 않아서, 결국 우리도 누군가에게는 그저 '또 한 명의 탈레스'처럼 여겨지곤 합니다. 여기에는 여러 이유가

있을 것입니다. 하지만 다행스럽게도, 우리 자신의 진정한 목소리를 세상에 내는 방법 또한 분명히 존재합니다.

어쩌다 '탈레스 취급'을 받게 되었나

어떤 사람들은 특별히 의도하지 않아도 다른 사람들에게 지대한 영향을 미치곤 합니다. 아리스토텔레스가 바로 그런 부류의 사람이었죠. 그가 자신의 '제1철학' 강의 중에 탈레스에 대한 개인적인 견해를 밝혔을 때, 그것이 훗날 사상사에 얼마나 큰 파장을 불러일으킬지는 아마 짐작조차 못 했을 겁니다.

그의 말은 대략 이러했습니다.

"세상을 진정으로 이해하고자 한다면, 우리는 먼저 그 근본 원인들을 파악해야 합니다. 제가 보기에, 원인은 네 가지로 나눌 수 있습니다. 그 첫 번째는 바로 질료인(質料因)입니다. 이것은 모든 사물 속에 존재하며, 다른 모든 것이 끊임없이 변화하는 와중에도 변하지 않고 남아 있는 근본적인 물질입니다. 탈레스에 따르면, 이 질료인은 바로 물이었습니다. 그런데 왜 하필 물이었을까요? 아마도 그는 주변의 많은 것이 습기를 머금고 있고, 음식물 역시

축축하며, 나아가 모든 씨앗 또한 그러하다는 사실을 관찰했기 때문일 겁니다. 네, 그의 추론 과정은 분명 이러했을 것입니다. 자, 그럼 다음으로 넘어가도록 하죠."

앞서 언급했듯이, 아리스토텔레스는 당대에 엄청난 영향력을 행사하던 인물이었습니다. 중세 시대에는 어떤 주장들은 단지 그가 말했다는 이유만으로 진리로 받아들여질 정도였으니, 그의 권위가 어느 정도였는지 짐작할 수 있습니다. '입세 딕시트(ipse dixit)', 즉 '그가 말했다'라는 라틴어 표현이 바로 이러한 절대적인 권위를 상징했습니다. 그러니 만약 아리스토텔레스가 탈레스는 씨앗이 축축하다는 사실을 아마도 알아차렸을 것이라고 말했다면, 그 말은 곧 기정사실로 굳어져 버렸습니다. 탈레스는 씨앗이 축축하다는 것을 발견한 인물이 되는 것이죠. '아마도'라는 불확실한 추측은 어느새 '분명히'라는 확고한 사실로 둔갑해 버렸습니다.

아리스토텔레스가 만물의 가장 중요한 것은 근본 원인들이라 생각했고, 탈레스가 질료인에 관해 이야기했다면, 결국 탈레스가 한 가장 중요한 발언은 '만물의 근원은 물이다'라는 명제가 되어 버린 것입니다.

결론적으로, 탈레스는 물의 철학자. 이것이 그에게 덧씌워진 역할이었습니다.

사회는 종종 우리에게 특정한 역할을 부여하고, 안타깝

게도 우리는 그 역할이 진정한 자신의 모습이 아님에도 불구하고 그것을 마치 우리 자신의 것인 양 받아들이곤 합니다. 엔지니어는 자신의 일에 자부심을 가져야 마땅하고, 농부는 늘 겸손해야 하며, 실업자는 실패자라는 낙인 속에서 좌절감을 느껴야 한다는 식의 사회적 기대가 바로 그런 예입니다.

그런데 왜 실업자들은 정말로 실패자라고 여기게 되는 걸까요? 그 해답은 우리 자신의 마음속 깊은 곳에 자리 잡고 있습니다.

1977년, 스나이더(Snyder), 탱키(Tanke), 버샤이드(Berscheid)라는 세 명의 심리학자가 심리학 연구의 고전으로 남은 한 가지 실험을 진행했습니다. 그들은 한 그룹의 남학생들을 모집하여, 각자 지정된 여성과 전화 통화를 하도록 했습니다. 다만 통화를 시작하기 전에, 남학생들에게 대화 상대인 여성들의 사진을 미리 보여 주고 그녀들의 외모가 매력적인지를 판단하도록 했습니다. 어떤 학생들은 매력적이라고 답했고, 다른 학생들은 그렇지 않다고 답했죠.

통화가 끝난 후, 심리학자들은 여성들의 실제 대화 내용을 녹음하고 분석했습니다. 그 결과는 놀라웠습니다. 남학생들에게 매력적이라고 평가받았던 여성들이 실제로 대화 중에 더욱 친절하고 호의적인 태도를 보였던 것입니다. 혹시 남학생들이 호감을 표현했기 때문에 여성

들이 기분이 좋아져서 그랬던 걸까요? 꼭 그렇지만은 않았습니다. 누군가의 구애가 항상 긍정적인 반응을 이끌어 내는 것은 아니며, 때로는 오히려 상대방으로 하여금 거리를 두게 만들 수도 있으니까요. 진짜 이유는 다른 곳에 있었습니다. 이 실험은 당시에 널리 퍼져 있던 (그리고 어쩌면 오늘날까지도 우리 사회에 여전히 남아 있는) 하나의 강력한 고정관념을 명확하게 보여 주었습니다. 그것은 바로 신체적으로 매력적인 사람들은 그렇지 않은 사람들보다 더 상냥하고 호감이 가는 성격을 가졌을 것이라는 믿음이었습니다. 남학생들은 사진 속 여성들이 아름다운 외모만큼이나 친절하고 따뜻한 마음씨를 가졌을 것이라고 무의식적으로 기대했고, 바로 그러한 기대가 담긴 자신들의 행동을 통해 여성들에게 미묘한 영향을 미쳐, 여성들이 실제로 그러한 모습에 부응하도록 이끌었던 것입니다.

'행동 확인(conferma comportamentale)'이라고 불리는 이와 같은 심리적 메커니즘은 우리 삶의 수많은 영역에서 알게 모르게 작동하고 있습니다. 만약 우리가 모든 실업자를 실패자라고 미리 단정 짓는다면, 우리 자신도 모르게 그들이 스스로를 실패자처럼 느끼게끔 행동하게 될 가능성이 큽니다. 예를 들어, 현재 직장을 구하고 있는 친구 앞에서 돈에 관련된 이야기를 할 때 괜히 조심스러워하거나 어색한 표정을 짓는 경우가 그렇습니다. 물론 우리의 의

도는 그 친구에게 상처를 주지 않으려는 배려일 수 있습니다. 왜냐하면 돈 문제가 그에게 민감하고 불편한 주제일 것이라고 짐작하기 때문이죠. 하지만 안타깝게도, 우리가 그를 평소와 다르게 대하는 바로 그 미묘한 행동의 변화가 오히려 그로 하여금 자신이 뭔가 정상적이지 않다고 느끼게 만듭니다. 만약 그가 이전에는 자신의 실업 상태에 대해 그다지 부끄러움을 느끼지 않았다 하더라도, 우리의 그러한 태도에 반응하면서 점차 스스로를 위축시키고 부끄러움을 느끼기 시작할 수 있는 것입니다. 이처럼 다른 사람들이 우리를 어떻게 인식하고 대하느냐는 우리의 정체성을 형성하는 데 깊숙이 관여합니다. 바로 이런 과정을 통해, 우리는 결국 스스로도 떨쳐 내기 어려운 '꼬리표'를 달게 되는 것이죠.

지금까지 당신에게는 어떤 꼬리표들이 붙었나요? 그리고 당신의 의지와는 상관없이, 그 꼬리표들 때문에 다른 사람들이 당신에 대해 가졌던 이미지에 당신 자신을 조금이라도 더 맞추려고 행동했던 적은 없었는지요? 일반적으로 이러한 행동 확인의 상황에 놓였을 때 우리 마음속을 스쳐 지나가는 생각들은 대략 이런 식일 겁니다.

"중학교 때 담임 선생님이 나는 커서 아무짝에도 쓸모없는 인간이 될 거라고 하셨지. 결국 그분 말씀이 하나도 틀리지 않았어."

하지만 이렇게 우리 자신을 제대로 담아내지 못하는 부당한 꼬리표들을 과연 떼어 낼 방법이 있을까요? 물론입니다. 바로 탈레스가 그 해답의 실마리를 우리에게 보여 줍니다. 만약 사람들이 그를 '물에 미친 철학자'라고 부르기 시작했을 때 그가 살아 있었다면, 그는 모든 사람의 그러한 편견을 정중하면서도 단호하게 바로잡았을 겁니다. 탈레스에게는 그런 특별한 능력이 있었으니까요. 그는 다른 사람들이 자신에 대해 가진 고정 관념을 보기 좋게 바꾸어 놓을 줄 아는 사람이었습니다.

'탈레스 취급'에서 '진짜 탈레스'로

기원전 6세기 그리스에도 사회가 개인에게 기대하는 바는 분명히 존재했습니다. 그중에서도 으뜸은 단연 결혼해서 아이를 낳는 것이었죠. 오늘날의 많은 이들처럼, 탈레스 역시 그렇게 하지 않기로 마음먹었습니다. 그리고 오늘날의 많은 이들이 그렇듯, 그 역시 주변 사람들로부터 어서 짝을 찾으라는 끊임없는 압박에 시달려야 했습니다.

"탈레스, 어찌하여 아이를 갖지 않는 것이오?"

사람들이 물었습니다.

"아이들을 진심으로 아끼기 때문이오."

그가 대답했습니다.

"탈레스, 어찌하여 결혼하지 않는 것이오?"

"아직 젊으니, 때가 이르지 않았소."

몇 년이 흐른 뒤, 사람들은 다시 물었습니다.

"이제 더는 젊다고 할 수 없는데, 어찌하여 아직도 결혼하지 않는 것이오?"

"이제는 너무 늙었으니, 이미 때가 지나 버렸소."

이처럼 세상을 바라보는 자신만의 시각을 강요하려는 이들을 무장 해제시키는 데 있어, 이처럼 재치 있는 반어법은 마치 마법 주문과도 같습니다. 하지만 막상 그런 상황에 놓였을 때, 이 마법을 제대로 구사하기란 여간 어려운 일이 아니죠. 적절한 대답은 좀처럼 바로 떠오르지 않고, 결국 자신의 입장을 제대로 내세우지 못한 채 넘어가기 일쑤입니다.

다행인 점은, 그것이 그렇게까지 중요하지는 않다는 사실입니다. 우리는 얼마든지 상대의 공세를 일단 받아넘긴 뒤, 차분하게 자신을 돌아보며 다음을 준비할 수 있습니다. 탈레스가 자신이 진정 어떤 사람인지 세상에 보여 주기로 결심했을 때 실제로 그랬던 것처럼 말입니다.

그에게 붙었던 꼬리표는 '실생활에는 아무런 능력도 없으면서 복잡한 기하학 문제나 푸는 데 골몰하는, 현실 감

각 없는 뛰어난 과학자'라는 것이었습니다. 밤하늘의 별을 올려다보며 걷다가 발을 헛디뎌 우물에 빠졌던 그 유명한 일화만 봐도 그가 어떤 취급을 받았는지 짐작할 수 있습니다. 젊은 하녀 하나가 그 광경을 보고는 이렇게 비웃었다고 하죠.

"하늘의 별을 아는 데는 그리도 열심이시면서, 어찌 발밑에 있는 것은 보지 못하시나이까!"

만약 탈레스가 앞서 이야기했던, 실직 후 좌절감에 빠진 친구와 같은 사람이었다면, 그 순간 그는 자신이 실패자라고 느꼈을 테고, 어쩌면 다른 사람들이 그에 대해 가지고 있던 편협한 시선에 자신을 끼워 맞추려 했을지도 모릅니다.

하지만 그는 그러지 않았습니다. 그리고 그 이유를 이해하는 것이 매우 중요합니다.

탈레스는 자신의 과학적 지식을 활용하여, 풍성한 올리브 수확이 있을 것이라는 사실을 훨씬 미리 예측할 수 있었습니다. 그는 당시에는 별다른 수요가 없었던 모든 올리브 압착기를 아주 싼값에 빌려 놓고는, 9월이 되기를 기다렸습니다. 예상대로 엄청난 양의 올리브가 수확되자, 기름을 짜려는 농부들은 너나 할 것 없이 압착기를 독점하고 있던 탈레스에게 몰려들 수밖에 없었습니다. 그렇게, 실생활에는 아무런 능력도 없어 보이던 그 과학자는

막대한 부를 쌓았습니다.

　탈레스가 이처럼 자신의 강점을 제대로 활용할 수 있었던 이유는, 다른 사람들의 생각이 틀렸다는 것을 증명할 만한 능력이 자신에게 있다는 사실을 분명히 알고 있었기 때문입니다. 그는 자기 자신을 매우 잘 알고 있었던 것이죠. 흔히 소크라테스의 말로 알려진 '너 자신을 알라'는 유명한 격언도, 사실은 탈레스의 것이라는 이야기가 있습니다. 고대의 기록에 따르면, 그가 직접 델포이 신전의 정면에 이 문구를 새기도록 했다고도 전해집니다.

　그의 고향 밀레토스 사람들이 물었습니다.

"무엇이 가장 쉬운 일인가?"

"다른 사람에게 조언하는 것이지."

"그렇다면, 무엇이 가장 어려운 일인가?"

"자기 자신을 아는 것이라네."

　우리 자신을 잘 알지 못할수록, 다른 사람들이 우리에 대해 하는 말에 더 쉽게 휘둘리게 됩니다. 타인의 시선에 흔들리지 않는 가장 확실한 방법은, 바로 우리 자신에 대한 진실을 아는 것입니다. 물론 이것은 불가능해 보이는 과제일 수 있고… 실제로도 그렇습니다. 우리는 결코 자기 자신을 완벽하게 알 수는 없을 겁니다. 하지만 그렇다고 해서, 알기 위한 노력을 시작조차 하지 않아야 한다는 의미는 아닙니다.

우리가 누구인지, 왜 지금의 우리와 같은 모습인지 스스로에게 물어봅시다. 처음에는 아주 희미하고 작은 대답이라도 괜찮습니다. 거울 앞에서 그 대답을 나지막이 속삭여 보고, 그다음에는 누군가가 들을 수 있도록 큰 소리로 한번 말해 보는 겁니다. 만약 우리에게 씌워진 부당한 꼬리표들을 떼어 내고 싶다면, 우리가 이미 알고 있는 우리 자신의 모습을 다른 사람들에게 보여 주는 법부터 배워야 합니다. 누군가가 우리의 내면에 숨겨진 불꽃을 알아봐 주기를 그저 비밀스럽게 꿈꾸는 것만으로는 부족합니다. 우리가 직접 그들이 그 불꽃을 볼 수 있도록 해야 하는 것이죠.

심리학에서는 이러한 개념을 '자기표현(autoespressione)'이라고 부릅니다. 즉, 우리가 우리 자신에 대해 가지고 있는 생각이나 이미지를 우리의 행동을 통해 다른 사람에게 전달하려고 노력하는 것을 의미합니다. 다른 사람들에게 알리고 싶은 우리 자신의 모습을 선택하고, 그것들이 자연스럽게 드러날 수 있도록 행동하는 것입니다.

분명히 해 둘 점은, 우리 자신의 어떤 부분이 마음에 들지 않는 것은 지극히 정상적이고 건강한 반응이라는 사실입니다. 하지만 안타깝게도 우리가 너무나 자주 저지르는 실수는, 다른 사람들이 우리가 부끄러워하는 바로 그 부분을 보게 될까 봐 두려워하며 뒷걸음질 치는 것입니다.

이는 마치 손님이 우리 집 지하실 벽에 난 작은 균열을 볼까 봐 두려워서, 아예 정원에도 들어오지 못하게 막는 것과 같습니다.

하지만 균열이란 문제는 여전히 남아 있습니다. 그렇다면 우리는 어떻게 우리 내면의 그 균열들을 보호할 수 있을까요?

균열과 다이아몬드

기원전 585년 5월 28일.

메디아 왕 키악사레스와 리디아 왕 알리아테스 사이의 전쟁이 6년째 이어지고 있었지만, 상황은 이전과 조금도 다르지 않았습니다. 메디아가 한 전투에서 승리하면, 다음 전투에서는 리디아가 그들을 격파하는 식이었죠. 어느 쪽도 확실한 우위를 점하지 못하고 있었습니다.

'우리는 기묘한 균형 상태에 갇혀 있구나.'

바빌로니아의 라비네토스는 생각했습니다. 그의 눈앞에서는 두 군대가 몇 년 동안 그래왔듯 격렬하게 맞붙고 있었습니다. 병사들은 전투의 한복판에 있었습니다. 처음의 기세는 한풀 꺾였지만, 아직 지칠 정도는 아니었죠.

무기들이 햇빛 아래 번뜩였습니다.

그러다 갑자기, 어둠이 덮쳐 왔습니다.

라비네토스는 하늘을 올려다보았습니다. 해가 사라져 버린 것이었습니다. 병사들은 공포에 질려 비명을 질렀고, 별 하나 없는 밤이 순식간에 전쟁터를 뒤덮었습니다.

"탈레스! 밀레토스의 탈레스가 예언했던 일이다!"

누군가 외쳤습니다.

두 군대는 두려움에 사로잡혀 싸움을 멈췄습니다. 조금 전까지만 해도 빛을 받아 번쩍이며 서로 부딪치던 무기들은, 이제 일식으로 드리워진 어둠 속 땅바닥에 힘없이 버려져 있었습니다.

라비네토스는 버려진 무기들을 바라보며 생각했습니다.

'어쩌면, 전쟁의 시대는 여기서 끝나야 하는지도 모르겠군.'

반대편 진영에 있던 킬리키아의 시엔네시스 역시 같은 생각을 하고 있었습니다. 평화 협정은 바로 그날 맺어졌습니다.

기원전 547년경.

리디아의 왕 크로이소스는 눈을 감고 깊은 한숨을 내쉬었습니다. 그의 등 뒤에서는 병사들이 다음 명령을 기다리고 있었습니다. 그의 눈앞에는 길고 깊은 할리스 강이 넘실거리고 있었습니다. 도저히 건널 수 없어 보였고, 마

땅한 여울목조차 없었죠.

그는 문득 신탁의 말을 떠올렸습니다.

'크로이소스가 할리스 강을 건너면, 위대한 제국 하나가 무너질 것이다.'

위대한 제국이란, 크로이소스도 익히 알고 있는 나라였습니다. 바로 페르시아 제국이었습니다. 그저 강을 건너기만 하면, 그의 가장 강력한 숙적을 굴복시킬 수 있었습니다.

그는 자신이 대동한 현자에게로 고개를 돌렸습니다. 현자 역시 강을 응시하고 있었지만, 그의 생각은 크로이소스의 야심과는 사뭇 달라 보였습니다.

"땅을 파야 합니다."

현자가 말했습니다.

"운하를 만들면, 강물의 일부가 그곳으로 흘러 들어가 강 본류의 수량이 줄어들 것이고, 그러면 강은 더 얕아질 것입니다."

"우리가 건널 수 있을 만큼 충분히 말이오?"

왕이 물었습니다.

"그리 생각합니다."

탈레스가 대답했습니다.

운하를 파내자, 탈레스의 판단이 옳았음이 드러났습니다. 하지만 크로이소스의 판단은 틀렸습니다. 무너진 것은

페르시아 제국이 아니라, 바로 그 자신의 제국이었으니 말입니다.

일식을 예측할 줄 아는 천문학자 탈레스, 강줄기를 둘로 나누는 치수 계획을 세울 줄 아는 공학자 탈레스. 헤로도토스는 그의 저서 『역사』에서 이 두 가지 일화를 소개하며 이 철학자의 또 다른 면모들을 우리에게 보여 줍니다. 이는 우리가 이미 살펴보았던 그의 다른 모습들, 즉 날카로운 재치를 지닌 비판가, 수완 좋은 기업가, 뛰어난 기하학 연구자, 그리고 지혜로운 현자라는 모습에 더해지는 새로운 차원입니다.

우리는 그를 다재다능했다고 말할 수도 있고, 혹은 더 정확하게는 '복잡한 자아(sé complesso)'를 지녔다고 표현할 수도 있습니다. 그리고 이처럼 복잡한 자아를 발전시키는 것은, 우리 내면의 상처와 균열들을 보호하는 하나의 중요한 방법이 될 수 있습니다.

우리의 자아를 하나의 다이아몬드라고 상상해 봅시다. 다이아몬드는 깎인 면이 많을수록 더 밝게 빛납니다. 빛을 받아 반사할 면이 더 많기 때문이죠. 물론 어떤 면은 다른 면보다 조금 더 흐릿하거나 덜 완벽할 수 있습니다. 하지만 전체적으로 보면 그 작은 흠은 크게 눈에 띄지 않습니다. 반면에 깎인 면이 거의 없다면, 다이아몬드는 빛을 제

대로 반사하지 못하고 그만큼 덜 빛나게 될 것입니다. 그리고 당연하게도, 만약 하나의 면이 흐릿하다면 그것은 금방 눈에 띄고 말겠죠.

자아의 복잡성은 바로 이 다이아몬드의 면들과 같습니다. 우리 성격의 다양한 측면들을 더 많이 계발하고 발전시킬수록, 우리는 더욱 찬란하게 빛날 수 있습니다. 우리의 자존감은 단 하나의 기둥 위에 위태롭게 세워져서는 안 됩니다. 그 기둥 하나가 손상되면 모든 것이 무너져 내릴 테니까요. 대신 우리의 자존감은 여러 개의 면, 즉 서로 독립적으로 존재하는 다양한 요소들로 이루어져야 합니다. 그래야 설령 그중 하나가 상처 입거나 무너지더라도, 여전히 우리를 지탱해 줄 다른 많은 면들이 남아 있을 수 있습니다.

버스를 타고 가다가 우연히 마테오라는 학생을 만났다고 상상해 봅시다. 그는 성적이 매우 우수한 성실한 학생입니다. 하루에 여러 시간을 공부에 매달리고, 남는 시간에는 책을 읽거나 세상 돌아가는 소식에 귀를 기울입니다. 주변 사람들은 그를 '착실한 모범생'으로 여기지만, 친구들 사이에서는 가끔 '공부 벌레'라고 놀림을 받기도 합니다.

우리가 마테오를 만난 날, 그는 하필 화학 시험에서 연속으로 두 번째 낙제점을 받은 상태입니다. 그를 위로해 주

고 싶다면 우리는 이렇게 말할 수 있을 겁니다. "괜찮아, 다음번엔 잘 볼 수 있을 거야." 또는 "너라는 사람은 네가 받는 학교 성적보다 훨씬 더 가치 있는 존재야." 같은 말을 할 수 있습니다.

앞서 우리가 살펴본 내용에 비추어 볼 때, 우리는 두 번째 말을 선택해야 할 겁니다. 첫 번째 말은 사실상 그가 항상 모든 것을 쏟아부어 온 그의 단 하나의 측면, 즉 학업 성취에만 계속 집중하도록 부추기는 셈이니까요. 반면에 그가 받는 평균 점수보다 훨씬 더 큰 가치를 지닌 존재라고 말해 주는 것은, 그로 하여금 '성적 이상의 가치'란 무엇일까 스스로에게 묻고, 자신의 다른 가능성들을 탐색하도록 격려하는 일입니다. 그렇게 되면 화학 낙제점이 주는 무게감은 훨씬 가벼워질 것이고, 역설적이게도 마테오는 오히려 더 편안한 마음으로 다시 공부에 집중할 수 있게 될지도 모릅니다.

하지만 이제 마테오 이야기는 잠시 접어 두고, 다시 탈레스에게로 돌아가 봅시다. 우리에게는 아직 끝맺어야 할 이야기가 남아 있으니까요.

안팔체는 여전히 황금 잔을 손에 꼭 쥔 채, 눈앞의 철학자를 빤히 바라보고 있었습니다.

"나는 이 잔을 받을 수 없소."

탈레스가 말했습니다.

"내가 일곱 현자 중 최고인 것은 아니오. 그대 아버지의 뜻이 존중받으려면, 이 잔을 비아스에게 주어야 할 것이오."

안팔체는 그 조언을 따랐습니다. 하지만 비아스 역시 그 선물을 받지 않았습니다. 사실, 일곱 현자들은 서로에게 그 잔을 떠넘기기 바빴고, 결국 잔은 돌고 돌아 다시 탈레스에게 돌아왔습니다. 그제야 탈레스는 잔을 받아 들고는, 오직 신들만이 진정으로 지혜롭기에 이 잔은 아폴론 신께 바쳐져야 마땅하다며 신전에 봉헌했습니다.

황금 잔에 대한 사람들의 관심은 점차 사그라들었지만, 현자들 중 과연 누가 최고인가에 대한 궁금증은 결코 식지 않았습니다. 그로부터 거의 150년이 흐른 뒤, 델포이 신탁소에 사람들이 물었습니다. 인간 중에 가장 지혜로운 자는 누구인가? 아폴론의 신녀는 소크라테스의 이름을 답했습니다. 이제는 더 이상 정중하게 거절할 황금 잔도 없었고, 다른 이에게 떠넘길 뜨거운 감자도 없었습니다. 소크라테스는 마침내 자신의 운명과 정면으로 마주해야만 했습니다.

어째서 그 귀한 황금 잔이 계속해서 거절당했을까요? 오늘날 사람들은 1등이 되기 위해 얼마나 치열하게 경쟁합니까! 그렇다면 일곱 현자들이 유난히 겸손했기 때문이

었을까요? 아닙니다. 이유는 다른 곳에 있습니다.

만약 탈레스가 그 잔을 넙죽 받았다면 어떻게 되었을까요? 그것은 곧 자신이 최고라고 공언하는 셈이 되었을 겁니다. 하지만 '최고'라는 타이틀은 실수를 용납하지 않습니다. 사람들은 이렇게 수군거렸을지 모릅니다.

"탈레스가 자기가 최고라며 잔을 받더니, 오늘 기하학 계산에서 실수를 저질렀다더군!"

"탈레스는 자신이 가장 지혜롭다고 생각한다지만, 오늘 토론에서는 비아스에게 반박당했다지 않은가!"

이는 단지 다른 사람들의 입방아만의 문제가 아닙니다. 우리 스스로가 최고라고 생각하는 순간, 우리는 더 이상 자신의 실수를 너그럽게 용납하지 못하게 됩니다. 그리고 실수를 용서하지 못한다는 것은, 곧 자신의 인간적인 약점과 한계를 받아들이지 못한다는 의미입니다.

그 황금 잔을 거절함으로써, 탈레스는 자신의 유한한 인간됨을 받아들였습니다. 그리고 이것이야말로 역사상 최초의 철학자인 그가 거둔 가장 위대한 승리였습니다.

소크라테스

기원전 445년, 아테네.

소크라테스는 스물다섯 살이었고, 가슴 아픈 실연의 상처를 안고 있었습니다.

5년 전, 귀족 가문의 알키비아데스는 아내와 함께 아내의 스무 살 난 여동생 아스파시아를 아테네로 데려왔습니다. 보통 스무 살 여성은 그 자체로 매력적이기 마련이지만, 아스파시아는 그 이상이었습니다. 그녀는 철학을 논할 줄 알았고, 당대의 어떤 연설가보다도 말을 잘했으며, 자신의 주장을 당당하게 펼칠 줄 아는 여성이었습니다. 소크라테스는 그녀에게 마음을 빼앗겼고, 그런 사람은 그 뿐만이 아니었습니다. 아테네에서 가장 영향력 있는 인물이었던 페리클레스마저 그녀에게 마음을 두게 되자, 소크라테스는 한발 물러설 수밖에 없었습니다. 하지만 그렇다

고 해서 그녀와의 만남을 완전히 끊어야 한다는 의미는 아니었습니다. 함께 철학적인 대화를 나누기 위해 만나는 것 정도는 아무 문제 될 것이 없다고, 적어도 소크라테스는 스스로에게 그렇게 되뇌었습니다. 그가 와인을 따르는 그녀의 모습을 바라보면서 말입니다.

"오늘 밤에는 무엇에 관해 이야기하고 싶으시오?"

그가 물었습니다.

"당신이 전혀 알지 못하는 것에 대해 이야기할까 해요."

"그렇다면 세상 만물에 대해 이야기해야 할 텐데요."

아스파시아가 미소 지었습니다.

"사랑으로 시작하죠. 말해 보세요, 에로스(Eros)에 대해 무엇을 알고 계신가요?"

소크라테스는 어깨를 으쓱했습니다.

"모든 신들이 그렇듯, 아름답고 선한 신이라는 것 정도요."

"그건 어리석은 생각이군요."

그는 조금도 당황하지 않고 대답했습니다.

"그렇다면, 무엇이 진실인지 당신이 직접 말해 주시오."

"좋아요."

아스파시아는 와인 한 모금을 마신 뒤 잔을 내려놓았습니다.

"에로스는 사랑이지만, 대체 무엇을 사랑할까요? 아마도 아름다운 것들이겠죠. 추한 것을 사랑하는 사람은 아무도 없을 테니까요."

"옳소."

"그리고 사랑하는 사람은 자신이 사랑하는 것에 대해 갈망을 느끼죠, 그렇지 않나요?"

"그렇소."

"하지만 사람은 자신이 가지지 못한 것을 갈망합니다."

"이번에도 동의할 수밖에 없군요."

"만약 에로스가 아름다운 것을 사랑하고, 아름다운 것을 갈망한다면, 그것은 그가 아름다움을 가지고 있지 않다는 뜻입니다. 에로스는 아름다움을 소유하지 않았으니, 그 자신도 아름다울 수 없는 거죠."

"당신은 에로스가 추하고 악하다는 말이오?"

아스파시아는 하늘을 향해 눈을 굴렸습니다. 그녀는 쉽게 참을성을 잃는 편이었죠. 소크라테스는 그 모습이 재미있다고 생각했지만, 그녀를 더 자극하지 않기 위해 애써 진지한 표정을 유지했습니다.

"꼭 그런 식으로만 볼 수는 없어요. 아름답지 않다고 해서 반드시 추해야만 하는 것은 아니에요. 에로스는 양극단의 중간에 존재합니다. 마치 필멸자와 불멸자 사이, 인간과 신들 사이에 존재하는 것처럼요. 그는 방책(方便)의 신 포로스(Poros)와 빈곤의 여신 페니아(Penia) 사이에서 태어난 다이몬(daimon, 신과 인간의 중간적 존재)입니다. 그는 어머니처럼 가난하고, 아버지처럼 원하는 것을 얻기 위해 수

단과 방법을 가리지 않죠. 그에게 부족하며 그토록 얻고자 애쓰는 아름다운 것들 중에는 지혜가 있습니다. 물론, 그가 무지하다는 뜻은 아니에요. 하지만 그렇다고 지혜로운 존재도 아니죠. 그는 철학자입니다. 지혜를 사랑하고 끊임없이 그것을 추구하기 때문이죠."

그녀는 그에게 쏘아붙이듯 말했습니다.

"참으로 놀라운 이야기요."

그가 말했습니다.

"하지만 이 갈망의 다이몬이 인간에게 대체 어떤 이로움을 가져다준다는 것인지 이해하기 어렵군요."

"인간들이 아름다움 속에서 출산하도록 돕는답니다."

소크라테스는 눈썹을 치켜올렸습니다.

"그것이 무슨 의미요?"

아스파시아는 내려놓았던 와인 잔을 다시 집어 들고 한 모금 마셨습니다. 그녀는 소크라테스의 지적 호기심을 자극하여 자신에게 더 빠져들게 하려는 듯, 일부러 그를 애태우고 있었습니다.

"더 자세히 설명해 드리죠. 모든 인간은 몸과 영혼, 양쪽 모두에 잉태의 능력을 지니고 있습니다. 몸이 더 풍요로운 이들은 육신의 자녀를 잉태하고, 반면에 영혼이 더 풍요로운 이들은 자신과 마음을 열고 결합하여 함께 더욱 아름다운 것을 창조할 수 있는 아름다운 영혼을 찾아

헤맵니다. 이 둘은 의심할 여지 없이 다른 길이지만, 과연 어느 쪽이 더 낫다고 할 수 있을까요?"

아스파시아는 다시 한번 말을 멈췄고, 소크라테스는 그녀가 무엇을 말하려는지 깨달았습니다. 그들 두 사람은 결코 육신의 자녀를 함께 가질 수는 없겠지만, 그럼에도 불구하고 무언가 중요하고 영원한 것을 함께 낳을 수 있다는 것이었습니다.

"두 필멸의 육신에서 태어난 것은 결국 죽음을 맞이할 운명입니다. 하지만 두 영혼 사이에서 태어난 것은 영원히 살아 숨 쉴 것입니다."

그녀는 이렇게 결론지었습니다.

소크라테스에게
사랑을 가르친 여인

소크라테스는 한 여성에게 가르침을 받았습니다. 플라톤의 대화편 『향연』에서 그 자신이 직접 인정하는 바입니다.

> 제가 한때 만티네아 출신의 디오티마라는 여인에게서 들었던 에로스에 관한 이야기를 여러분께 들려드리고자 합니다. 그녀는 이 문제뿐 아니라 다

른 많은 것에도 매우 지혜로운 분이셨습니다. 게다가 한번은 아테네 시민들에게 역병을 막기 위한 제사를 지내도록 권하여, 실제로 전염병의 발발을 십 년이나 늦추기도 하셨죠. 사랑에 관한 문제에 대해 저를 가르쳐 주신 분이 바로 그분이었습니다.*

오랜 시간 동안, 그리고 그다지 설득력 있는 근거도 없이, 학자들은 이 디오티마를 실존 인물이 아닌, 플라톤이 만들어 낸 문학적 장치 속 허구의 인물로 여겨왔습니다. 위대한 소크라테스가, 그것도 플라톤의 스승이자 서양 철학의 거대한 초석을 놓은 그가, 어찌 감히 여성에게 가르침을 받을 수 있었겠느냐는 것이었죠.

하지만 어쩌면 우리는 소크라테스라는 신화에 너무 집착한 나머지, 정작 소크라테스라는 인간 자체에는 소홀했던 것인지도 모릅니다. 우리는 그가 얼마나 아이러니하고 겸손하며, 누구에게서든 배우려는 열린 마음을 가졌던 인물이었는지 잊곤 합니다. 고대 그리스 사회에서 여인의 말에 귀 기울일 수 있었던 거의 유일한 유형의 남성, 혹은 반대로, 여성이 진심으로 마음을 열고 대화할 수 있었던 거의 유일한 유형의 남성이 바로 소크라테스였을 테니까요.

'제우스로부터 존경받는 여인'이라는 뜻의 이름을 가진

---

* 플라톤, 『향연(Simposio)』, 봄피아니, 밀라노 2019, 175쪽.

디오티마는, 신들에게 제사를 올려 역병의 확산을 십 년이나 늦춘 여사제로 소개됩니다. 하지만 최근 들어, 이 디오티마가 실은 페리클레스의 연인이었던 아스파시아를 문학적으로 가탁한 인물이라는 주장이 설득력을 얻고 있습니다. 플라톤이 왜 그녀의 진짜 정체를 숨기려 했는지는, 그녀가 휘말렸던 복잡한 역사적 사건들을 살펴보면 비로소 이해할 수 있습니다.

기원전 440년, 페리클레스는 아스파시아의 고향인 밀레토스의 경쟁 도시였던 사모스 섬을 상대로 전쟁을 일으켰습니다. 사모스 함대를 격파한 후, 페리클레스는 사로잡힌 사모스 선원들을 몽둥이로 때려죽이고 그 시신을 매장하지 않은 채 버려두라고 명령했습니다. 고대 그리스에서 망자의 장례 의식을 거부하는 것은 신들에 대한 용서받을 수 없는 신성 모독 행위였고, 반드시 신들의 분노를 살 것이라고 여겨졌습니다.

그래서 기원전 430년 아테네에 끔찍한 역병이 창궐했을 때, 시민들은 이것이 바로 그 신성 모독에 대한 신들의 형벌이라고 생각했습니다. 그리고 페리클레스가 그토록 잔인한 짓을 저지른 것은 오직 밀레토스 출신이자 사모스의 적인 아스파시아의 환심을 사기 위해서였다고 비난하기 시작했습니다. 자신들과는 아무 상관도 없는 전쟁에 아테네를 끌어들인 장본인이 바로 아스파시아라고 손

가락질했던 것이죠. 당시의 희극 작가들은 아스파시아를 거리의 여자처럼 묘사하고, 그녀에게 빠져 헤어 나오지 못하는 페리클레스를 '제우스'라고 비꼬며 조롱했습니다. 아테네 시민도 아닌 외국 여자에게 홀딱 빠져, 그녀를 떠받드는 모양새를 비웃었던 겁니다.

제우스로부터 존경받는 여인. 디오티마.

이러한 정황을 통해 우리는 명백한 반전을 읽어 낼 수 있습니다. 아스파시아는 전쟁을 부추겨 역병을 불러온 악녀로 비난받았지만, 플라톤의 글 속에서는 오히려 신성한 제사를 통해 역병을 십 년이나 늦춘 현명한 여사제 디오티마로 탈바꿈한 것입니다. 플라톤이 아스파시아의 정체를 이처럼 가면 뒤에 숨기려 했던 이유는, 자신의 스승 소크라테스가 페리클레스처럼 세간의 조롱거리로 전락하는 것을 원치 않았기 때문일 가능성이 매우 높습니다. 플라톤이 『향연』을 집필하던 시기에도 사모스 전쟁과 아테네 역병의 기억은 사람들에게 여전히 생생했습니다. 소크라테스 철학의 일부가 아스파시아에게서 비롯되었다는 사실을 인정하는 것은, 스승의 명성에 먹칠을 하고 그를 평판이 좋지 않은 여성과 연관 짓는 위험을 감수하는 일이었을 겁니다.

플라톤은 아주 짧고 상대적으로 덜 주목받는 작품인 『메넥세노스』에서만 소크라테스가 아스파시아의 제자였

음을 슬쩍 인정합니다. 플루타르코스 역시 소크라테스가 때때로 아스파시아를 찾아가 사랑에 관한 그녀의 이야기를 들었다고 기록했으며, 헤르메시아낙테스와 클레아르코스 같은 작가들은 두 사람 사이에 연인 관계가 있었음을 시사하기도 합니다. 학자 당구르(D'Angour)는 아스파시아가 소크라테스의 구애를 거절했고, 실연당한 그를 위로하기 위해 『향연』에 등장하는 사랑의 이론을 들려주었을 것이라고 추측합니다.

그들이 실제로 어떤 관계였는지를 떠나, 우리에게 진정으로 중요한 질문은 이것입니다. 그들의 사랑에 대한 가르침이 단지 철학적인 사변을 넘어, 심리학적으로도 타당한 근거를 가질 수 있을까요?

사랑이란 무엇인가?

두 사람 사이의 사랑이 정말로 '아름다움 속에서 출산하려는 욕망'에서 비롯된다고 말할 수 있을까요? 우리가 원하는 것은 오직 영혼의 결합뿐일까요? 어떤 이들은 이것이 다소 이상화된 관점이라고 반박할지도 모릅니다. 만약 사랑이 영혼과 영혼의 만남이라면, 왜 로맨틱한 관계에서 성적인 측면이 그토록 중요한 역할을 하는 것일까요? 아마

도 우리는 번식 및 생물학적 영역과 관련된 성적인 측면과, 더 낭만적인 영역과 관련된 정신적인 측면을 분리해야 하는 것은 아닐까요?

그럴 필요는 없습니다.

심리학자 스티븐 라이스(Steven Reiss)는 관계 속 성(性)의 역할에 대해 여러 연구를 진행했습니다. 그는 성의 중요성을 결정짓는 두 가지 핵심 요인이 있다는 결론에 도달했습니다. 하나는 서로에게 즐거움을 줄 수 있는 가능성이고, 다른 하나는 아무런 거리낌 없이 상대방에게 자신을 온전히 열어 보일 수 있는 가능성입니다. 성적인 관계는 우리가 가장 취약해지고 방어 기제를 가장 적게 사용하는 영역 중 하나입니다. 이는 단순히 육체적인 감각의 문제가 아닙니다. 상대방이 우리의 가장 깊은 감정적, 본능적 측면에 접근하도록 허용할 만큼 그 사람을 신뢰하는 문제입니다. 이를 통해 관계를 더욱 강화하는 심리적 유대가 형성되는 것이죠. 사랑하는 관계 안에서 성은 사랑과 분리되지 않으며, 오히려 사랑을 더욱 굳건하게 만듭니다.

이쯤에서 우리는 소크라테스와 아스파시아가 던졌던 바로 그 질문을 스스로에게 던져 볼 수밖에 없습니다. 사랑이란 과연 무엇일까요?

정신과 의사 스캇 펙(Scott Peck)은 자신의 연구와 심리학

자 에리히 프롬(Erich Fromm)의 연구를 바탕으로, 사랑을 '자기 자신 또는 타인의 영적 성장을 북돋우기 위해 헌신하려는 의지'라고 정의했습니다.* 여기서 '영적(spiritual)'이라는 용어는 한 사람의 가장 고귀하고 높은 차원의 부분을 가리키는 말입니다.

따라서 우리는 이제, 연인들이 격렬하게 다툰 뒤 쏟아지는 빗속에서 격정적인 키스를 나누고, 그들을 집어삼킬 듯한 열정에 휩싸여 하나가 되는 로맨스 영화 속의 흔한 장면들을 머릿속에서 지워 버려도 좋습니다. 물론 집 소파에 앉아 초콜릿을 먹으며 그런 장면들을 볼 때면 괜히 가슴 설레고 한숨이 나올지도 모르지만, 그것이 정말 우리가 꿈꾸는 관계의 모습인지 자문해 볼 필요가 있습니다. 그런 영화 속 주인공들은 시종일관 서로를 애태우며 괴로워할 뿐이니까요.

단적인 예를 하나 들어봅시다. 로렌초라는 부유하고 유력한 남자가 있습니다. 그는 자신이 유일하게 사랑했던 여인, 아름다운 엘리사와 다투게 됩니다. 이유는 로렌초가 엘리사의 그림에 대한 열정을 이해하지 못하고 시간 낭비라고 여기기 때문입니다. 다툰 다음 날, 로렌초에게는 중요한 사업 미팅이 있지만, 그는 온통 엘리사 생각뿐

---

* M. 스캇 펙, 『아직도 가야 할 길: 사랑, 전통적 가치, 영적 성장에 대한 새로운 심리학(The Road Less Traveled: A New Psychology of Love, Traditional Values and Spiritual Growth)』, 사이먼 & 슈스터, 뉴욕 1978.

이어서 결국 모든 것을 망쳐 버립니다. 그는 동료들의 당혹스러운 시선을 뒤로하고 회의장을 뛰쳐나와 그녀에게 달려갑니다. 그리고 그들 사이에 무슨 일이 있었든, 자신은 결코 그녀를 사랑하는 것을 멈추지 않을 것이라고 말하죠. 그는 사무실을 뛰쳐나옴으로써 몇 달간 공들였던 거래를 놓쳤다는 사실을 알지만, 개의치 않습니다. 그의 경력 따위는 엘리사를 향한 그의 감정에 비하면 아무것도 아니니까요.

이런 이야기를 통해 우리가 받는 메시지는 다음과 같습니다. "그녀를 위해 이 모든 것을 포기하다니, 그는 그녀를 정말로 깊이 사랑하는 것이 틀림없어."

우리는 여기서 사랑의 크기가 상대방을 위해 기꺼이 포기할 수 있는 것의 크기에 비례한다고 결론 내릴지도 모릅니다. 이러한 논리에 따르면, 사랑의 궁극적인 형태는 상대방과 함께하기 위해 모든 것을 버리는 것이 될 겁니다. 사랑의 대가는, 적어도 영화 속에서는, 모든 것을 희생하는 것인 듯 보입니다. 하지만 다행스럽게도, 현실 속의 사랑은 그보다 훨씬 더 나은 모습일 수 있습니다.

스캇 펙과 에리히 프롬이 제시한 원칙, 즉 사랑이란 '자기 자신 또는 타인의 영적 성장을 북돋우기 위해 헌신하려는 의지'라는 관점에 따라 위 이야기를 다시 써 봅시다. 로렌초는 회의를 중단하지 않습니다. 왜냐하면 엘리사

가 그런 충동적인 행동을 원치 않을 것임을 알기 때문입니다. 그런 행동은 그의 경력에 해를 끼칠 뿐만 아니라, 몇 달간의 노력을 물거품으로 만들었다는 불필요한 좌절감만 안겨 줄 테니까요. 대신 그는 거래를 성공적으로 마무리 짓고, 일주일간 휴가를 내어 엘리사에게 그토록 중요한 전시회 준비를 돕습니다. 그의 목표는 어떤 극적인 행동으로 여자친구를 감동시키는 것이 아니라, 그녀를 행복하게 만드는 일에 함께 참여하는 것입니다. 훨씬 덜 극적이지만, 상대방의 영적 성장을 북돋우는 데는 훨씬 더 효과적인 방법이죠. 로렌초는 아무것도 포기하지 않았지만, 그럼에도 불구하고 많은 것을 줄 수 있었습니다.

우리가 누군가와 사랑에 빠질 때, 우리는 선택의 기로에 놓입니다. 한쪽에는 모든 것을 소진시키는 격정적인 사랑이 있고, 다른 한쪽에는 서로를 자라게 하는 풍요로운 사랑이 있습니다. 전자가 영화관에서 잠시 우리를 즐겁게 해 준다면, 후자는 우리의 삶을 실제로 더 나은 방향으로 이끌어 줍니다.

이것이 바로 소크라테스와 아스파시아가 '아름다움 속에서 출산한다'고 표현한 것을 심리학적으로 해석하고자 할 때 우리가 의미하는 바입니다. 진정 아름다운 관계란, 상대방이 자신의 잠재력을 꽃피우도록, 혹은 더 나아가 자신의 새로운 부분들, 새로운 깨달음, 새로운 꿈들을 탄

생시킬 수 있도록 서로 돕는 관계입니다. '추함 속에서의 출산'은 불가능합니다. 누구도 건강하지 못한 관계 속에서는 새롭고 의식적인 자신의 모습을 낳을 수 없기 때문입니다.

하지만 때로는 우리가 사랑하는 사람들을 행복하게 해주지 못하고, 우리 자신조차 행복하게 만들지 못한다는 사실을 부인할 수는 없습니다. 성숙해지고 상대방의 성장을 돕고 싶은 마음에도 불구하고, 우리는 때때로 비참하게 실패하곤 합니다. 이것은 단순히 의지가 부족하거나, 게으르거나, 어리석기 때문일까요?

소크라테스에 따르면, 문제는 그보다 훨씬 복잡합니다.

기원전 5세기, 아테네.

"클리니아스여, 내게 말해 보거나. 누군가를 행복하게 만들려면, 재물을 소유하고 그것을 사용하는 것만으로 충분한가?"

소크라테스는 눈앞의 젊은이에게 미소를 지었습니다. 클리니아스는, 알키비아데스의 사촌이었습니다. 하지만 둘은 별로 닮지 않았습니다. 알키비아데스가 훨씬 더 아름다웠죠. 그의 모습은 그의 고모할머니뻘인 아스파시아를 떠올리게 했습니다.

클리니아스는 대답하기 전에 잠시 생각에 잠겼습니다.

"네, 그런 것 같습니다."

"그리고 그 재물이 우리를 행복하게 하는 것은 우리가 그것을 잘 사용할 때인가, 아니면 잘못 사용할 때도 그런가?"

"잘 사용할 때입니다."

그는 망설이며 답했습니다.

"자네 말이 옳네."

소크라테스가 그를 격려했습니다. 클리니아스는 안심하는 듯 보였습니다.

소크라테스가 말을 이었습니다.

"사실, 어떤 것을 잘못 사용하는 것은 아예 사용하지 않는 것보다 더 나쁘지 않은가, 그렇지 않나?"

클리니아스는 고개를 끄덕였습니다.

"예를 하나 들어 보세. 나무를 다루는 일을 생각해 보게나. 목수가 연장을 제대로 사용하게 하는 것은 무엇인가? 바로 그의 기술, 즉 지식이 아닌가?"

다시 한번, 클리니아스는 말없이 고개를 끄덕였습니다.

"우리가 부(富)에 대해 이야기할 때도 마찬가지 아닌가? 그 부를 제대로 활용하여 결실을 맺게 하는 것은 다름 아닌 우리의 지식이 아닌가?"

클리니아스는 동의했습니다. 그는 소크라테스의 논리를 잘 따라오고 있는 듯 보였기에, 소크라테스는 곧바로 핵심으로 들어갔습니다.

"물질적인 재화는 지성과 지혜 없이는 아무 쓸모가 없다네. 아니, 오히려 해롭기까지 하지. 생각해 보게. 지성 없이 행동하는 부자는 많은 실수를 저지를 것이고, 그 실수들은 그를 고통스럽게 만들 걸세. 만약 우리가 그에게서 부를 빼앗는다면, 그는 자신의 돈을 잘못된 방식으로 사용할 기회가 줄어들 걸세. 실수를 덜 저지름으로써 그는 덜 불행해질 것이고. 그러니 부, 아름다움, 그리고 우리가 일반적으로 '좋은 것(beni)'이라고 부르는 다른 모든 것들은 그 자체로는 좋은 것이 아니라네. 만약 우리가 그것들을 지성 없이 사용한다면, 그것들은 사실상 악(mali)이 되는 것이지. 이제 우리가 여기서 무엇을 추론해 낼 수 있는지 말해 주겠네."

클리니아스는 여전히 침묵을 지켰습니다. 만약 알키비아데스가 그 자리에 있었다면, 끼어들어 말하고 싶어 안달이 났을 겁니다. 소크라테스는 속으로 미소를 지었습니다.

"세상에는 본질적으로 좋은 것도 나쁜 것도 없다네. 오직 올바른 지식과 함께 사용되는 것들과 무지(無知) 속에서 사용되는 것들 만이 있을 뿐이지. 오직 지식만이 선(善)이고, 오직 무지만이 악(惡)이라네. 우리를 진정으로 행복하게 만드는 것은 이것저것을 소유하는 것이 아니라, 바로 지식이라네."

오직 앎만이 선이고,
오직 무지만이 악이다

클리니아스와 소크라테스의 대화(플라톤의 『에우티데모스』에서 찾아볼 수 있습니다) 속에서, 이러한 결론은 아주 명백해 보입니다. 하지만 바로 이 부분이 소크라테스를 향한 가장 큰 비판의 빌미가 되었습니다. 소크라테스는 다른 대화편에서도 이 개념을 발전시켜, 악을 행하는 사람은 아무도 자발적으로 그렇게 하는 것이 아니라고 주장합니다. 악을 행하는 사람은, 잘못된 판단으로 선을 행한다고 믿기 때문에 그렇게 한다는 것입니다. 즉, 악행은 악의의 문제가 아니라 무지의 문제라는 것이죠.

하지만 우리의 일상 경험은 사람들이 선이 무엇인지 알면서도 얼마든지 악하게 행동할 수 있음을 보여 줍니다. 많은 학자들은 바로 이 점 때문에 소크라테스를 비판하며, 그를 '주지주의적 윤리설(intellettualismo etico)'에 빠졌다고 비난했습니다. 다른 말로 하면, 소크라테스가 우리 인간의 어떤 측면들, 예를 들어 유혹에 약한 우리의 나약함이나, 옳은 줄 알면서도 더 편리한 쪽을 택하려는 우리의 경향 등을 간과했다는 것입니다. 선이 무엇인지 알고 옳은 행동이 무엇인지 아는 것만으로는 충분하지 않으며, 그것을 실제로 행하고자 하는 의지가 필요하다는 것이죠.

하지만 소크라테스는 선을 알면서도 의도적으로 악을 선택하는 것은 불가능하다고 여깁니다. 비판가들은 이런 그의 순진함에 놀라 고개를 젓습니다.

여기서 중요한 점은, 양측이 '앎'이라는 같은 단어를 사용하지만 서로 다른 의미로 이해하고 있다는 것입니다. 비판가들이 말하는 앎이란 어떤 것에 대한 정보의 집합, 즉 '인지적 앎'에 가깝습니다. 반면에 소크라테스가 말하는 앎이란 시간을 통해 성숙된 깊은 깨달음, 개인적인 변화와 발전을 통해 얻어지는 '실존적 앎'입니다. 무언가를 진정으로 안다는 것은 단순히 몇 가지 지식을 흡수하는 것을 넘어, 때로는 고통스럽게 자신의 기존 확신들이 무너져 내리는 경험을 하는 것을 의미합니다. 심리학에서는 이 두 가지 종류의 앎을 각각 '인지적 처리(elaborazione cognitiva)'와 '정서적 처리(elaborazione emotiva)'라고 부릅니다.

최근에야 용기를 내어 여자친구와 헤어진 발레리아의 예를 들어 봅시다. 6개월간의 관계 동안 단 한 번도 사랑받는다고 느끼지 못했고, 그 관계를 진지하게 생각했던 것은 자신뿐이었으며 상대에게는 그저 심심풀이였다는 사실이 이제는 명백해졌습니다. 전 여자친구의 번호를 차단하고 자신의 삶을 살아가려 하지만, 채 2주도 지나지 않아 관계를 회복하자며 만나자는 연락을 받습니다. 발레리아는 이것이 옳은 결정이 아니라는 것을 머리로는 알지

만, 그녀를 다시 보고 싶은 유혹을 뿌리치지 못합니다. 두 사람은 한 달 정도 더 만나고, 발레리아는 여전히 보답받지 못하는 사랑에 힘들어합니다. 그러던 어느 날, 식당에서 옆자리에 앉은 행복해 보이는 커플을 보며, 자신의 여자 친구는 결코 저들처럼 자신을 바라봐 주지 않을 것이라는 사실을 문득 깨닫게 됩니다. 발레리아는 더 이상 희망이 없다는 것을 마침내 깨닫고 눈물을 쏟아 냅니다. 전 여자친구를 이번에야말로 완전히 떠나고, 그녀가 계속 연락해 오더라도 더 이상 받지 않습니다.

발레리아가 전 여자친구를 처음 떠났을 때와 두 번째 떠났을 때의 차이는 바로 이 '처리 과정'에 있습니다. 첫 번째 경우에는 자신의 선택을 인지적으로만 처리했지만, 두 번째 경우에는 정서적인 처리 과정까지 함께 이루어진 것입니다. 소크라테스가 말하는 진정한 '앎'이란 바로 이런 것입니다. 개인을 깊은 차원에서부터 변화시키는 완전한 깨달음이죠.

플라톤은 소크라테스와 대화를 나눈 사람들이 단순히 추상적인 개념에 대해 차분하게 이야기만 나눈 것이 아니라, 오히려 당황하고, 화를 내고, 혼란스러워했다고 전합니다. 즉, 그들은 감정을 느꼈던 것입니다. 진정한 앎으로 이르는 길은 단순한 지식과 정보 습득으로 포장된 길이 아니라, 기존의 확신이 무너지고 감정적으로 큰 혼란을

겪는 과정을 통해 열리는 길입니다.

　이런 관점에서 볼 때, 사람들이 선을 알면서도 악을 행할 수 있다고 말하는 것은, 발레리아가 '이 관계는 결코 나를 행복하게 해 줄 수 없다'는 깊은 깨달음을 얻은 후에도 여전히 전 여자친구에게 돌아갈 것이라고 주장하는 것과 같습니다. 왜 그래야 할까요? 혹자는 아마도 마조히즘 때문이라고 말할지도 모릅니다. 실제로 스스로에게 고통을 가하는 데서 쾌락을 느끼는 사람들도 있고, 다른 사람들의 고통을 보며 즐거움을 느끼는 사람들도 있으니까요. 그들이 악을 행하는 것은 선을 몰라서가 아니라, 악을 행하는 것 자체에서 어떤 만족감을 얻기 때문이라고 생각할 수도 있습니다. 적어도 겉보기에는 그렇게 보일 수 있죠.

악의 뿌리: 내면의 어둠

　우리 각자에게는 어두운 면이 있습니다. 우리는 살면서 결코 고상하다고 할 수 없는 일들을 저질렀거나 저지르고 싶어 했고, 거짓말을 했으며, 잘못된 길을 선택하기도 했습니다. 마찬가지로 우리는 부당한 대우, 배신, 등 뒤에서 날아오는 비수 같은 상처들을 겪기도 했습니다. 이 모든 악(惡)이 정말 단지 무지에서 비롯된 것일 수 있을까요? 물

론 그렇게 생각하면 마음이 편하겠지만, 쉽게 믿기는 어렵습니다.

그렇기 때문에 우리는 좀 더 설득력 있는 증거가 필요합니다. 심리치료사 낸시 맥윌리엄스(Nancy McWilliams)가 수행한 연구들이 좋은 예가 될 수 있습니다. 그녀는 다른 사람에게 해를 끼치는 경향이 있는 반사회성 성격(흔히 사이코패스적 성향으로 알려진) 환자들과, 스스로에게 해를 끼치는 경향이 있는 자기 파괴적(마조히즘) 환자들을 심층적으로 연구했습니다. 먼저 반사회성 성격 환자들부터 살펴보죠.

반사회성 성향을 가진 사람들은 다른 사람을 지배하려 들고, 애정을 느끼는 데 어려움을 겪으며, 도덕적 양심이 결여되어 있습니다. 즉, 자신이 주변 사람들에게 끼치는 해악에 대해 어떤 죄책감도 느끼지 못합니다. 그들의 어린 시절은 대개 극심한 불안정과 혼란으로 점철되어 있습니다. 심각한 학대나 방임, 가족의 죽음, 유기, 부모로부터의 지속적인 거부 등을 경험하는 경우가 많습니다. 이러한 경험들은 그들로 하여금 관계 맺기를 두려워하게 만들고, 타인에 대한 기본적인 신뢰를 형성하는 것을 방해합니다.

종종 그들의 가족 내에는 그들의 감정적인 경험을 말로 표현하고 이해하도록 도와줄 사람이 아무도 없습니다. 그들을 안심시키거나 자신의 감정을 표현하도록 격려해 주

는 이가 없는 것이죠. 이런 아이들은 늘 위험을 느끼고, 누구에게 의지해야 할지 모르며, 자기 내면에서 무슨 일이 일어나고 있는지조차 제대로 파악하지 못합니다. 자신의 감정 상태를 언어로 번역하는 법을 배우지 못했기 때문에, 그들은 여러 감정들을 명확히 구분하지 못하고 그저 매우 불쾌한 종류의 생리적 각성 상태만을 모호하게 감지할 뿐, 그 감정에 이름을 붙이지 못합니다.

이러한 상황은 사랑과 같은 복잡한 감정을 형성하고 처리하는 능력을 심각하게 저해합니다. 비록 감정이라는 것이 존재한다는 사실을 알게 되더라도, 그들은 그것을 직접 경험할 수 없습니다. 그들이 타인과 맺을 수 있는 유일한 관계 방식은 상대를 조종하는 것뿐입니다. 조종을 통해 자신의 목적을 달성하고 이익을 얻으려 하죠. 감정을 모르는 사람에게 '선(善)'이라는 개념은 그저 '자신에게 유용한 것'이라는 의미로 축소됩니다. 아무도 그들에게 진정한 선이 무엇인지 가르쳐 주지 않았기 때문에, 그들은 그것이 무엇인지조차 모른다고 말할 수 있습니다. 감정을 인식하지 못하고 공감 능력을 갖지 못하는 것은 심각한 심리적 결함이자, 깊은 무지의 상태라고 할 수 있습니다.

그런데 이런 사람들이 심리 치료를 받으러 오면 어떤 일이 벌어질까요?

치료 초기에는 그들이 늘 해 왔던 방식으로 세상을 해

석하려 듭니다. 그들이 아는 유일한 방식이 조종이기 때문에, 치료사의 행동 역시 그런 렌즈를 통해 바라봅니다. 치료사의 숨겨진 의도나 속셈이 무엇일지 끊임없이 추측하려 하죠. 치료사는 자신의 선한 의도를 환자에게 설득하려 노력하지만, 이는 매우 어려운 일입니다. 오랜 시간이 흘러, 환자의 뿌리 깊은 불신을 조금씩 넘어설 수 있게 되면, 비로소 환자는 치료사를 더 이상 조종해야 할 대상이 아니라 관계를 맺을 수 있는 한 사람으로 보기 시작하고, 점차 긍정적인 변화들이 나타나기 시작합니다.

하지만 고려해야 할 점이 있습니다. 타인을 신뢰하는 법을 모르고 감정을 경험해 본 적이 없는 반사회성 성향의 사람이 누군가와 유대감을 느끼고 그에게 어느 정도 의존하게 된다는 사실을 발견하는 것은 매우 강력하고 때로는 감당하기 힘든 충격을 줄 수 있습니다. 불행하게도, 이런 과정에서 그들은 종종 깊은 우울감에 빠지기도 합니다. 앞서 말했듯이, 진정한 앎으로 가는 길은 순탄치 않습니다. 오래된 신념들이 부서지고, 고통스러운 감정적 붕괴를 겪은 후에야 비로소 정신 건강에 더 가까운 새로운 자각이 움트게 되는 것입니다.

자기 파괴적(마조히즘) 성향의 환자들의 치료 과정 역시 이와 유사한 흐름을 따릅니다. 일반적으로 마조히즘 성향을 가진 사람들은 스스로에게 고통을 가하는 데서 쾌락을

얻는다고 알려져 있습니다. 하지만 실제로는 고통 자체를 사랑한다기보다는, 그들이 아는 유일한 관계 방식을 반복하는 것에 가깝습니다. 종종 그들의 가족 배경에는 부모가 부모 역할을 수행하는 유일한 방식이 처벌이었던 경우가 많습니다. 아이는 이런 환경 속에서 관계 맺음 자체를 고통스러운 경험과 동일시하게 됩니다. 즉, 관계가 있으면 고통이 따르고, 고통이 없으면 관계도 없다고 배우는 것이죠.

그렇다면 고통스러운 관계를 맺느니 차라리 아무 관계도 맺지 않는 편이 낫지 않겠냐고 생각하기 쉽습니다. 그리고 행복한 관계를 경험해 본 사람이라면 당연히 불행한 관계보다는 아무 관계도 맺지 않는 편을 선호할 것입니다. 하지만 고통이야말로 인간적인 접촉을 위해 치러야 할 불가피한 대가라고 배우며 자란 사람에게는 선택의 양상이 매우 다릅니다. 그들에게는 행복한 관계와 불행한 관계 사이의 선택이 아니라, 고통과 완전한 고독 사이의 선택만이 놓여 있을 뿐입니다.

아이에게는 완전한 고독(버려짐)은 곧 죽음을 의미하기 때문에, 아무리 고통스럽다 하더라도 관계를 유지하는 편이 차라리 낫습니다. 자신을 돌봐 주는 이에게 완전히 의존하고 있는 아이에게 버려진다는 것은 생존의 위협과 직결되기 때문입니다. 고통스러운 관계와 죽음의 공포 사이

에서 더 유리한 선택지는, 비록 고통스러울지라도 관계를 유지하는 것입니다. 아이는 고통을 겪지만, 적어도 살아남을 수는 있습니다. 맥윌리엄스의 한 환자는 "아무런 접촉도 없는 것보다는 차라리 맞는 편이 낫습니다." 하고 말합니다.

마조히즘 성향의 사람은 애정에 기반한 관계를 경험해 본 적이 없기 때문에 그것이 무엇인지 알지 못합니다. 다른 사람들이 건강한 관계를 맺는 것을 볼 수는 있지만, 마치 반사회성 성향의 사람이 감정의 존재는 알지만 직접 경험할 수 없는 것처럼, 그 관계를 온전히 이해하지는 못합니다. 이러한 성향의 기저에는 고통을 즐기는 사람이 있는 것이 아니라, 고통받을 운명이라고 느끼는 사람이 있습니다. 그들은 스스로에게 해를 끼치기를 원하지 않습니다. 방법을 안다면 기꺼이 고통을 피하고 싶어 할 것입니다. 다시 말해, 그들은 선(善)이 무엇인지 모르기 때문에 악(惡)을 찾는 것입니다.

우리 중 누구도 자신의 고통스러운 부분들을 정면으로 마주하고 싶어 하지 않습니다. 애써 외면하려 하고, 그것들이 불쑥 모습을 드러낼 때면 부끄러워하며 스스로를 탓합니다. 다시는 튀어나오지 못하도록 깊숙이 묻어 버리려 최선을 다하지만, 마음 한구석 어딘가에 그것들이 여전히 존재한다는 사실을 알고 있습니다.

소크라테스는 이러한 노력이 헛되고 고통스러울 뿐이라고 가르칩니다. 우리가 너무나 자주 그러하듯 스스로를 단죄하는 대신, 우리는 먼저 우리 자신을 알기 위해 노력해야 한다고 말입니다.

너 자신을 알라

기원전 5세기, 델포이 신전.

그 유명한 문구는 신전의 박공(지붕 아래 삼각형 벽)에 커다란 글자로 새겨져 있었습니다. 카이레폰은 그곳까지 오르느라 겪었던 가파른 오르막길의 여파를 가라앉히며, 잠시 멈춰 서서 그 글귀를 바라보았습니다. 걷는 데는 이골이 났지만, 신전까지 이르는 길은 그의 숨을 턱까지 차오르게 만들었습니다.

그는 입구 앞에서 잠시 머물며 시간을 보내고 용기를 냈습니다. 마침내, 그는 들어가기로 결심했습니다.

땀에 젖은 그의 피부가 안팎의 온도 차이로 인해 소름 돋듯 떨렸습니다. 신전 내부는 어두웠고 예상했던 것보다 훨씬 서늘했습니다. 사제 중 한 명이 곧장 그에게 다가왔습니다.

"피티아(신탁을 전하는 여사제)께 바칠 봉헌물이오."

그가 속삭였습니다.

카이레폰은 산 정상까지 들고 온 바구니를 건넸고, 사제가 한쪽 구석으로 사라지는 것을 지켜보았습니다.

하얀 옷을 입은 다른 남자가 그의 어깨에 손을 얹고 신전 중앙으로 그를 인도했습니다. 그곳에는 다른 두 명의 사제가 더 있었고, 그들 뒤편에는 마치 커다란 솥과 같은 삼각대 위에 한 어린 소녀가 앉아 있었습니다. 그녀가 바로 피티아, 델포이의 신탁을 전하는 여사제였습니다. 삼각대에서 피어오르는 향 연기가 어찌나 짙었던지 카이레폰은 그녀의 얼굴을 제대로 분간할 수 없었습니다. 그녀는 아폴론 신의 상징인 월계수 가지를 손에 들고 이리저리 돌리며 무언가를 나지막이 읊조리는 듯했습니다. 델포이를 찾는 이들의 질문에 답하는 것은 사실 아폴론 신 자신이었고, 소녀는 그저 신의 뜻을 전하는 매개체일 뿐이었습니다.

"어디서 오셨소?"

신탁 옆에 선 사제 중 하나가 물었습니다.

"아테네에서 왔소이다."

그가 답했습니다.

"질문하시지요."

카이레폰은 소녀가 자신의 말에 전혀 귀 기울이지 않는다는 인상을 받았습니다.

"제가 여쭙고자 온 것은, 소크라테스보다 더 지혜로운 이가 존재하는지 알고 싶어서입니다."

그가 말했습니다.

피티아는 읊조림을 멈췄습니다. 그녀를 둘러싼 연기가 더 뜨겁고 짙어진 것일까요, 아니면 단지 착각이었을까요? 신탁은 완전한 침묵 속에서 월계수 가지로 허공에 기묘한 형상들을 그리기 시작했습니다. 카이레폰은 그 신비로운 광경에 넋을 잃고 꼼짝 않고 서 있었습니다. 사제들은 아폴론 신께 바치는 제물로 바닥에 포도주를 부었습니다. 연기는 숨쉬기 어려울 정도로 짙어졌습니다.

"아니."

소녀의 목소리는 차분하면서도 깊은 울림을 담고 있었습니다.

"소크라테스야말로 모든 인간 중에 가장 지혜로운 이이니라."

카이레폰은 존경의 표시로 고개를 숙였고, 더 이상 아무 말 없이 신전을 나섰습니다.

며칠 후, 카이레폰은 소크라테스의 집을 찾아갔습니다.

"델포이에서 무슨 소식이라도 있었나?"

소크라테스가 물었습니다.

그는 고개를 끄덕였습니다.

"델포이에 가서 신탁을 통해 자네보다 더 지혜로운 이가 존재하는지 여쭈었네."

소크라테스는 웃으며 그의 어깨를 툭 쳤습니다.

"그래서, 자네는 끝도 없이 이어지는 이름들을 듣느라 꼬박 이틀 밤낮을 거기서 보냈는가?"

"아니. 아무 이름도 나오지 않았네."

카이레폰은 스승인 소크라테스에게 가까이 다가갔습니다.

"피티아께서 자네가 모든 인간 중에 가장 지혜롭다고 판결하셨네."

소크라테스는 미간을 찌푸렸습니다.

"하지만 그럴 리가 없네. 나는 내가 아무것도 모른다는 것을 아는데. 혹시 신탁께서 수수께끼처럼 말씀하신 것은 아닌가? 때로는 그분 말씀의 진의를 파악하기 어려울 때가 있지 않나."

"제게는 아주 명백하게 들렸습니다만."

"글쎄, 내게는 그렇지 않네."

소크라테스는 술잔을 옆으로 밀어 놓았습니다.

"아무래도 정말로 지혜롭다고 여겨지는 분들과 직접 이야기를 나눠 봐야겠네. 정치인이나 시인 같은 분들 말일세. 분명 그분들은 나보다 더 많은 것을 알고 계실 걸세. 내가 사람들 중에 가장 지혜로운 자가 아님을 증명한 후에, 그때 가서 신탁의 진짜 의미가 무엇인지 알아내도록 하세."

카이레폰은 답답하다는 듯 한숨을 내쉬었고, 아테네 거

리를 따라나서는 소크라테스의 뒤를 따를 수밖에 없었습니다.

"설마 길에서 처음 마주치는 정치인을 붙잡고 지혜 겨루기라도 제안할 셈이신가요?"

소크라테스는 고개를 저었습니다.

"진실을 말할 걸세. 나는 아무것도 모르며, 그분들에게서 배우기를 원한다고 말이네."

그들은 아테네의 광장으로 향하며 잠시 더 이야기를 나누었습니다. 아고라는 언제나 사람들로 붐볐고, 소크라테스는 그곳에서 원하는 만큼의 정치인들을 만날 수 있을 터였습니다.

그들이 디오니소스 극장 앞을 지날 때, 마침 그곳에 자신의 희곡 작품을 제출하러 온 젊은 작가 한 명을 미처 알아보지 못했습니다. 그의 꿈은 위대한 비극 작가가 되는 것이었습니다. 그는 스무 살이었고, 극장 무대보다는 올림피아 경기장에 더 어울릴 법한 다부진 레슬링 선수의 체격이 돋보였지요.

"아리스토클레스!"

누군가 그를 부르는 소리가 들렸습니다. 그는 자신의 형인 아데이만토스의 목소리임을 알아챘지만, 돌아보지 않았습니다. 그의 온 신경은 광장을 향해 걸어가고 있는 두 남자에게 쏠려 있었거든요. 그들은 무언가 중요한 이

야기를 나누고 있는 듯 보였습니다. 청년은 그들이 연극의 훌륭한 소재가 될 수 있겠다고 생각했어요. 그의 마음속에서는 벌써 이야기가 만들어지기 시작했습니다.

"아리스토클레스, 내가 열 번은 불렀다!"

형이 그를 따라잡았습니다.

"가끔은 네 귀가 네 넓은 어깨만큼이나 컸으면 좋겠다는 생각이 드는구나."

"그랬다간 체육 선생님께서 제 별명을 바꾸실 겁니다."

아리스토클레스는 두 남자에게서 시선을 떼지 않은 채 대답했습니다.

"아마 '왕 귀'나 뭐 그런 걸로 부르기 시작하시겠죠."

아데이만토스는 그가 극장에 가져가려던 서판(書板)을 그의 손에서 빼앗아 내용을 훔쳐보려 했습니다.

"그래서, 지금은 뭐라고 부르시는데? '떡 벌어진 어깨'라고 부르시나?"

"형님도 제 별명 잘 아시잖습니까."

아리스토클레스는 이제 손이 자유로워졌으니, 뛰어가면 금방 저 두 남자를 따라잡을 수 있을 거라고 생각했습니다.

아데이만토스는 첫 번째 서판을 바로 들고 읽기 시작했습니다.

"어쨌든 글솜씨는 정말 대단하구나. 언젠가는 틀림없이

훌륭한 비극 작가가 될 게다."

아리스토클레스는 대답하지 않았습니다.

"대체 정신이 어디 팔려 있는 게냐?"

이번에도 대답은 없었습니다. 아리스토클레스는 길 저편으로 사라져가는 두 남자를 향해 뛰기 시작했습니다.

"기가 막히는군."

형은 혼잣말을 했습니다.

"아리스토클레스*!"

그가 소리쳤습니다.

"아리… 오, 신들이시여. 기다려라, 플라톤!"

---

* 플라톤의 원래 이름.

플라톤

기원전 399년 아테네, 소크라테스 재판 바로 전날.

플라톤은 멀리서 들려오는 아데이만토스의 목소리를 들었습니다. 고개를 돌리자, 빠른 걸음으로 다가오는 형의 모습이 보였습니다. 8년 전 디오니소스 극장 앞에서 자신을 뒤쫓던 때와는 사뭇 달라진 모습이었습니다. 철부지 동생을 다그치려던 소년은 이제 젊은이들의 교육 문제에 관해 소크라테스와 진지한 토론을 나누는 어엿한 남자가 되어 있었습니다. 그의 옆에는 세 형제 중 맏이인 글라우콘이 함께였습니다. 글라우콘은 음악가의 섬세한 손길과 철학자의 날카로운 시선을 동시에 지닌 인물이었습니다.

아데이만토스가 먼저 입을 열었습니다.

"사방을 다 찾아다녔다. 여기서 무얼 하고 있는 것이냐?"

"모든 것이 시작되었던 곳으로 돌아오고 싶었네."

플라톤은 바다를 가리키며 대답했습니다.

"모든 것이 끝장난 곳을 말하는 것이겠지."

글라우콘이 그의 말을 정정했습니다.

세 형제 사이에는 무거운 침묵이 흘렀습니다. 그들은 피레우스 항구 근처에 서 있었습니다. 불과 5년 전까지만 해도 그곳에는 아테네를 보호하던 거대한 요새, '긴 성벽'이 위용을 자랑하며 서 있었죠. 하지만 펠로폰네소스 전쟁이 끝난 후 스파르타인들은 그 성벽을 무참히 파괴했고, 그것도 모자라 아테네 함대의 거의 전부를 넘겨줄 것을 요구했습니다.

도시는 속절없이 무릎을 꿇었고, 서른 명의 귀족들이 주축이 된 집단이 도시를 재건하려 나섰습니다. 시민들은 적어도 처음에는 그들을 믿었습니다. 하지만 권력은 아주 짧은 시간 안에 그들의 이성을 마비시켰습니다. 그들은 부유한 아테네 시민들의 재산을 몰수할 구실을 찾기에 혈안이 되었고, 자신들의 통치에 반대하는 이들을 닥치는 대로 기소했으며, 정적들을 무자비하게 살해했습니다. 불과 여덟 달 만에 천오백 명의 시민이 체포되어 사형 선고를 받았습니다.

갓 끝난 전쟁으로 지칠 대로 지쳤지만 민주주의를 회복하겠다는 일념 하나로, 일부 아테네 시민들이 봉기했습니다. 그들 중에는 아니토스 장군도 있었는데, 그는 이 반란

의 승리에 결정적인 역할을 했습니다. 서른 명의 귀족들은 패배했고, 그들의 우두머리였던 크리티아스는 전투 중에 목숨을 잃었습니다. 만약 그 크리티아스가 플라톤의 외삼촌이자 소크라테스의 제자가 아니었다면, 이 모든 일은 그저 지나간 역사 속의 끔찍한 이야기로만 남았을지도 모릅니다. 물론 아무도 크리티아스의 죄를 플라톤이나 소크라테스에게 묻지는 않았지만, 일부 아테네 시민들이 그들을 의심의 눈초리로 바라보는 것은 어쩌면 당연한 일이었습니다.

글라우콘이 침묵을 깼습니다.

"재판 전에 너에게 두어 마디 해 주고 싶어서 왔다."

"듣고 있네."

플라톤은 대답했지만, 형들이 무슨 말을 하려는지 이미 짐작하고 있었습니다.

"소크라테스께서는 젊은이들을 타락시킨다는 죄목으로 고발당하셨다."

글라우콘이 말을 시작하자, 아데이만토스는 하늘을 향해 눈을 굴렸습니다.

"우리 신들을 믿지 않고 새로운 신들을 섬기려 한다는 죄목도 있고. 너도 이 모든 고발이 터무니없으며, 재판의 진짜 목적은 전혀 다른 데 있다고 생각하지 않느냐?"

"고발자 중 하나가 아니토스 장군이라는 사실이 결코

우연은 아니라고 생각하네."

플라톤이 대답했습니다.

글라우콘은 고개를 끄덕였습니다.

"그는 크리티아스와 가까웠던 사람들을 겨냥하고 있는 것이야."

그는 한숨을 내쉬었습니다.

"만약 소크라테스께서 유죄 판결을 받으신다면, 우리는 아테네를 떠나는 편이 나을 것이다."

플라톤은 바다에 등을 돌리고 도시를 향해 시선을 돌렸습니다. 신들에게 바쳐진 신전들, 시민들의 집, 극장, 아크로폴리스, 김나시온. 모든 것이 여전히 제자리에 온전하게 남아 있었습니다. 스파르타인들도, 권력에 굶주린 귀족들도, 그토록 애를 썼지만 결국 그리스 전체에서 가장 위대한 도시 아테네를 완전히 망가뜨리지는 못했습니다.

"아테네 시민들은 결코 소크라테스와 같은 분을 유죄로 판결하지 않을 걸세."

그가 말했습니다.

"아니, 그들은 그러고도 남을 자들이다."

아데이만토스가 반박했습니다.

"내 생각에 너희는 문제를 잘못 짚고 있다. 문제는 아니토스가 아니라, 바로 아테네 시민들이야. 소크라테스께서는 몇 년 동안 길거리에서든, 광장에서든, 그들이 어디에

있든 붙잡고 함께 철학을 하자고 권하셨지. 그 누구도 그분의 지혜를 따라갈 수 없었고, 그분은 차례차례 그들 모두를 한낱 어리석은 군중으로 느끼게 만드셨다. 그리고 그의 재판에 참여할 501명의 배심원들은 바로 그 어리석은 군중 속에서 선택될 것이다. 그들이 이 기회에 복수하려 들지 않을 것 같으냐?"

"다시 한번 말하지만,"

플라톤이 말했습니다.

"아테네 시민들은 결코 소크라테스와 같은 분을 유죄로 판결하지 않을 걸세."

하지만 그의 목소리는 떨리고 있었습니다.

기원전 399년 아테네, 재판 당일.

플라톤은 숨쉬기조차 힘들었습니다. 그것이 불안감 때문인지, 아니면 광장을 가득 메운 엄청난 인파 때문인지 알 수 없었죠. 소크라테스의 운명을 결정할 501명의 배심원들 외에도, 그의 지지자들, 그를 증오하는 자들, 그리고 그저 소문만 듣고 구경 온 사람들까지, 마치 아테네 전체가 재판을 보기 위해 몰려든 듯했습니다.

소크라테스는 배심원들 앞에 서 있었고, 그로부터 멀지 않은 곳에는 세 명의 고발자, 아니토스, 리콘, 멜레토스가 자리 잡고 있었습니다. 고발 연설은 멜레토스가 맡았습니

다. 플라톤이 듣기에는 마치 몇 시간이고 계속되는 듯한 지루한 연설이었습니다. 그는 소크라테스가 젊은이들에게 끔찍한 영향을 미쳤으며 그들의 정신을 교묘하게 조종하려 했다고 열변을 토했습니다.

"그는 우리의 신들조차 믿지 않습니다!"

멜레토스는 가장 멀리 있는 구경꾼들에게까지 들리도록 목청을 높였습니다.

"대신 다이몬(daimon) 따위를 믿는단 말입니다! 아테네 시민 여러분, 그가 우리 도시에 입혔고 앞으로도 계속 입힐 해악을 정녕 모르시겠습니까? 혹독한 전투 끝에 우리에게 민주주의를 되찾아 주신 아니토스 장군께서도 소크라테스는 사형에 처해야 마땅하다고 말씀하십니다. 존경하는 동료 시민 여러분, 부디 이성적으로 판단하시어 그의 조언을 따르시길 바랍니다!"

플라톤은 그의 연설이 한심하기 짝이 없다고 생각했습니다. 배심원들조차 별로 설득당하는 것 같지 않았죠. 아데이만토스와 글라우콘은 서로에게 희망 섞인 눈짓을 보냈습니다.

이제 소크라테스의 차례였습니다. 그는 어떤 긴장감도 내비치지 않았습니다. 마치 친구들과 철학을 논할 때처럼 평온해 보였죠.

"아테네 시민 여러분, 제 고발자의 말을 들으시면서 저에 대해 어떤 인상을 받으셨을지 모르겠습니다. 그의 말

솜씨가 어찌나 설득력이 있던지, 하마터면 저 자신조차 그의 말을 믿을 뻔했습니다."

플라톤은 미소를 지었습니다. 언제나처럼 빈정거리는 소크라테스다웠습니다. 그는 젊은이들에 대한 고발부터 시작하여, 혐의들을 하나하나 논리적으로 반박해 나가기 시작했습니다.

"여러분 모두 저와 같은 생각이실 겁니다. 멜레토스 역시 동의하겠지만, 그 누구도 악한 사람을 가까이 두고 싶어 하지는 않을 것입니다. 아시다시피, 악한 사람들은 다른 이들에게 해를 끼치기 마련이니까요. 그렇다면 제가 어찌 제가 어울리는 젊은이들의 영혼을 타락시키려 하겠습니까? 결국 그들은 악하게 변할 것이고, 저를 포함하여 가까이 있는 사람들에게 해를 끼치게 될 텐데요. 제가 제 자신의 해악을 바라겠습니까? 이치에 맞지 않는 일입니다. 물론, 어쩌면 멜레토스의 말이 옳을지도 모르겠습니다. 제 교육 방식이 잘못되었을 수도 있겠죠. 하지만 만약 제가 잘못하고 있다면, 그것은 저도 모르는 사이에 저지르는 실수일 뿐입니다. 자신도 모르게 실수를 저지르는 사람은, 법정에서 처벌하고 단죄할 것이 아니라 마땅히 가르치고 깨우쳐 주어야 하는 것 아닙니까? 그 다음, 불경죄에 대한 고발은 또 어떻습니까? 멜레토스는 제가 신들은 믿지 않고 다이몬들을 믿는다고 합니다. 하지만 우리

모두 알다시피, 다이몬이란 신들에게서 비롯된 존재입니다. 제가 어찌 한쪽은 믿으면서 다른 쪽은 믿지 않을 수 있겠습니까? 그것은 마치 말 편자는 존재한다고 믿으면서 말 자체는 존재하지 않는다고 믿는 것과 같을 것입니다."

아데이만토스와 글라우콘은 배심원들의 표정을 살폈습니다. 소크라테스의 변론은 멜레토스의 고발 연설보다 훨씬 설득력이 있었지만, 배심원들을 완전히 설득한 것 같지는 않았습니다.

"아니토스의 존재 때문에 영향을 받는 것 같군."

글라우콘이 추측했습니다.

아데이만토스는 고개를 저었습니다.

"그 때문이 아닐세. 질투심 때문이지. 사람들은 자기보다 높은 곳에 있는 자가 추락하는 것을 좋아하는 법이니까."

배심원들은 투표를 위해 소집되었습니다. 군중은 숨을 죽였고, 플라톤은 공기 중에 팽팽하게 감도는 긴장을 마치 손으로 만질 수 있을 것 같다고 느꼈습니다.

221표는 무죄.

280표는 유죄.

플라톤은 이를 악물었습니다. 글라우콘이 즉시 그를 안심시켰습니다.

"걱정 말게. 사형을 선고하지는 못할 걸세. 너무 많은 배심원들이 그의 편에 섰으니. 기껏해야 벌금을 내라고

요구할 걸세, 그 이상은 아닐 거야."

"분명 그럴 걸세."

아데이만토스도 동의했습니다. 플라톤은 형의 목소리가 떨리는 것을 알아차렸습니다. 바로 전날 자신의 목소리가 떨렸던 것처럼 말입니다.

'아테네 시민들은 결코 소크라테스와 같은 분을 유죄로 판결하지 않을 걸세.'

그는 생각했습니다.

"하지만, 그들은 방금 소크라테스께서 그의 말로 젊은 이들을 타락시킨 죄가 있다고 판결했네. 철학을 그만두라고 요구할 수도 있단 말일세."

아데이만토스가 말했습니다.

"절대 받아들이지 않으실 텐데. 플라톤, 자네는 어떻게 생각하는가?"

글라우콘이 눈을 크게 떴습니다.

플라톤은 8년 전 그날, 디오니소스 극장 앞에서 그랬던 것처럼 소크라테스를 뚫어지게 바라보고 있었습니다. 스승을 바라보고, 그의 말을 경청하고, 가능한 한 많은 것을 배우려 노력하는 것. 그것이 그가 할 수 있는 전부였습니다. 스승 없이는 무엇을 할 수 있을까? 과연 스승의 위업을 이어갈 수 있을까? 플라톤은 소크라테스가 철학을 그만두느니 차라리 죽음을 택하리라는 것을 알았기에, 이제 스스

로에게 이 질문을 던져야 할 때가 왔음을 직감했습니다.

글라우콘은 그의 심란한 마음을 알아차렸습니다.

"아직 마지막 판결이 난 것은 아닐세."

그가 말했습니다.

"소크라테스께서는 배심원들에게 가벼운 형벌을 내려 달라고 설득하기 위해 다시 말씀하실 권리가 있네. 아무도 그분께 철학을 그만두라고 강요하지 못할 걸세. 그저 벌금만 내시면 될 것이고, 액수가 크다면 우리가 기꺼이 내드릴 것이네."

플라톤은 대답하지 않았습니다. 소크라테스가 다시 배심원들 앞에 서서 그의 두 번째 변론을 시작하려 하고 있었기 때문입니다.

"아테네 시민 여러분, 솔직하게 말씀드리겠습니다. 이 시점에서, 여러분은 제가 철학을 포기한다는 조건하에서만 저를 풀어 주시기로 결정하실 수도 있습니다. 하지만 제가 여러분을 아무리 사랑하고 존경한다 할지라도, 그러한 결정에는 결코 따르지 않을 것임을 알아주십시오."

군중이 술렁이기 시작했습니다. 아테네의 배심원들에게 감히 이렇게 말하는 사람은 드물었습니다. 소크라테스는 동요하지 않고 말을 이어갔습니다.

"제게 숨이 붙어 있고 그럴 능력이 있는 한, 저는 결코 철학하기를, 여러분 각자에게 조언하기를, 그리고 늘 그

래왔듯이 여러분 각자에게 질문하기를 멈추지 않을 것입니다. 저는 길 가는 여러분을 멈춰 세우고 이렇게 물을 것입니다. '지혜와 힘으로 가장 위대하고 명성이 자자한 도시 아테네의 시민인 당신은 돈과 평판과 명예를 얻는 데는 그토록 열심이면서, 어찌 지혜와 진리와 당신 자신의 영혼을 돌보는 일에는 소홀하십니까?' 그리고 만약 여러분 중 누군가가 자신은 영혼을 돌보고 있다고 반박한다면, 저는 그를 즉시 떠나보내지도, 저 또한 떠나지도 않을 것입니다. 오히려 그를 붙잡고 심문하고, 검토하고, 반박할 것입니다. 만약 그의 말이 그저 번지르르한 빈말에 불과하다고 판단되면, 저는 그를 꾸짖을 것입니다. 재물에는 신경 쓰면서 정작 자신의 영혼은 돌보지 않아, 가장 가치 있는 것을 경멸하고 덜 가치 있는 것을 소중히 여기는 그 잘못을 말입니다. 아테네 시민 여러분, 아니토스의 말에 설득되시든 아니든, 저를 무죄로 풀어 주시든 아니든, 제게는 아무런 차이가 없습니다. 저는 결코 철학하기를 멈추지 않을 것입니다. 설령 그 대가로 몇 번이고 죽어야 한다 할지라도 말입니다."

글라우콘의 얼굴은 하얗게 질렸습니다. 아데이만토스가 그의 귀에 입을 가까이 대고 무언가를 속삭였습니다. 글라우콘은 확신에 찬 표정으로 고개를 끄덕였습니다.

플라톤은 어깨에 견딜 수 없는 긴장감을 느꼈습니다.

당장이라도 항구로 도망쳐, 파도 소리에 군중의 소란스러움을 묻어 버리고 머릿속을 텅 비우고 싶었습니다. 하지만 그의 몸은 마치 땅에 못 박힌 듯, 꼼짝 않고 그 자리에서 판결을 기다리도록 그를 붙들었습니다.

무죄 판결에 141표.

사형 판결에 360표.

플라톤은 아데이만토스와 글라우콘이 소크라테스를 처형 전에 감옥에서 탈출시킬 계획(소크라테스는 결코 받아들이지 않았을 계획이지만)에 대해 흥분하여 속삭이는 소리를 들었습니다. 군중이 아우성치는 소리, 그리고 배심원들에게 자신은 죽음을 두려워하지 않는다고 설명하며 그들을 진정시키려 애쓰는 소크라테스의 목소리도 들었습니다. 하지만 그 모든 소리보다 더 또렷하게 그를 덮쳐 온 것은, 바로 싸늘한 냉기였습니다. 죽음을 가까이에서 겪어 본 사람은 누구나 압니다. 죽음은 뼛속까지 파고드는 차가운 한기를 동반한다는 것을요. 그것은 마치 추운 겨울밤, 잠시 밖에 나갔다가 따뜻한 집 안으로 돌아왔음에도 한동안 몸이 계속 떨리는 것과 같습니다. 사람들로 빽빽이 들어차 후끈 달아오른 아테네의 군중 속에서, 플라톤은 홀로 지독한 추위를 느끼고 있었습니다.

우리의 죽음

죽음. 그것은 절대적으로 우리가 가장 피하고 싶어 하는 주제이자, 생각만으로도 무겁고 불안감을 자아내는 단어입니다. 그래서 우리는 그 이야기가 나오면 어떻게든 화제를 돌리고, 우리를 기분 좋게 만드는 삶의 다른 측면들에 집중하려 애씁니다. 그렇게 애써 외면하다가 결국 우리 자신의 죽음이든, 사랑하는 이의 죽음이든, 막상 죽음과 맞닥뜨리게 되면 우리는 아무런 준비도 되어 있지 않은 채 공포에 휩싸이고 맙니다.

소크라테스나 플라톤이 우리를 죽음 그 자체로부터 구해 줄 수는 없을 겁니다. 하지만 그들은 적어도 우리가 죽음에 관한 이야기를 피하지 않고, 언젠가 우리에게도 그 순간이 찾아올 것이라는 사실을 깨달았을 때 나뭇잎처럼 떨지 않을 용기를 줄 수는 있습니다.

우리가 가장 먼저 해야 할 일은 스스로에게 질문을 던지는 것입니다. 우리는 왜 죽고 싶어 하지 않는 걸까요?

그 답은 물론 생존 본능에도 있겠지만, 우리가 우리 삶을 살아가는 방식과도 깊이 관련되어 있습니다. 2012년, 호스피스 병동에서 오랫동안 말기 환자들을 돌봐 온 간호사 브로니 웨어(Bronnie Ware)는 임종을 앞둔 환자들이 느끼는 감정과 그들이 삶의 마지막 순간에 이르러 마주해야

했던 후회들에 대한 기록을 책으로 펴냈습니다. 그녀는 거의 모든 환자가 공통적으로 안고 있는 다섯 가지 후회가 있음을 발견했습니다. 그것은 바로 너무 일만 하며 살았다는 것, 친구들과 충분한 시간을 보내지 못했다는 것, 자신의 감정을 솔직하게 표현할 용기가 없었다는 것, 자신이 진정으로 원하는 삶이 아니라 다른 사람들이 기대하는 삶을 살았다는 것, 그리고 스스로에게 행복해질 자유를 허락하지 않았다는 것이었습니다.

만약 우리에게도 이러한 후회들 중 적어도 하나라도 있다면, 우리는 왜 죽음을 그토록 두려워하는지 조금은 이해할 수 있을 겁니다. 우리를 진정으로 두렵게 하는 것은 죽음 그 자체가 아니라, 어쩌면 우리가 원했던 대로, 그리고 살았어야 했던 대로 살지 못했다는 뼈아픈 깨달음일지도 모릅니다.

이 대목에서, 어설픈 라이프 코치라면 당장이라도 한순간도 낭비하지 말고 꿈에 그리던 삶을 살라고, 앞을 가로막는 어떤 장애물에도 굴하지 말고 행복을 쟁취하라고 우리를 다그칠지도 모릅니다. 안타깝게도 그런 결심은 기껏해야 두어 시간도 채 가지 못하는 경우가 대부분이죠. 우리가 정말 그 어떤 후회도 남기지 않고, 브로니 웨어가 만났던 그 말기 환자들보다 더 나은 삶을 살 수 있다고 생각할 만큼 그렇게 오만한 존재일까요? 매일을 인생의 마지

막 날처럼 살 수 있다고 진심으로 믿는 걸까요?

온갖 동기 부여 구호들을 차치하고서라도, 매일을 마지막 날인 것처럼 사는 것은 사실상 견디기 힘든 심리적 스트레스를 유발할 겁니다. 그것은 매일 아침 눈을 뜨자마자, 마치 사형 선고를 받은 사람처럼 그날 하루를 보내야 한다는 의미일 테니까요. 아마 대부분의 사람들은 차라리 다시 잠들어 버리는 편을 택할지도 모릅니다.

현실은, 그 어떤 거창한 결심도 우리를 붙들어 주지 못한다는 것입니다. 우리는 계속해서 시간을 허비하고, 실수를 저지르고, 그 순간에는 더없이 중요해 보이지만 실상은 사소한 일들에 이리저리 휘둘리며 살아갈 겁니다. 그러다 문득 후회하고, 무엇이 정말 소중했는지 뒤늦게 깨달으며, 이미 잃어버린 것들에 대해 눈물 흘리겠죠. 이것은 우리 개인의 잘못이라기보다는, 어쩌면 인간이라는 존재의 본성에 가까울지도 모릅니다.

그럼에도 불구하고, 죽음이라는 무게와 후회라는 그림자에 완전히 짓눌리지 않기 위해 우리가 할 수 있는 일이 있습니다.

젊은 플라톤이 기록한 『소크라테스의 변론』은 소크라테스의 재판 과정에 대한 가장 신뢰할 만한 자료로 여겨지는데, 여기서 소크라테스는 죽음을 감수하고서라도 결코 철학하기를 멈추지 않겠노라고 단언합니다. 그의 이러한

선택은 우리에게 쉽게 답하기 어려운 질문들을 던집니다. 과연 내 삶에서, 그것 없이는 삶의 의미를 잃어버릴 만큼 소중한 것은 무엇일까? 어떤 이상, 어떤 원칙을 위해서라면 나는 기꺼이 죽음까지도 감수할 수 있을까?

이상하게 들릴지 모르지만, 이 질문에 대해 이미 답을 찾은 사람과 여전히 그 답을 찾아 헤매는 사람 사이에는 생각보다 큰 차이가 없을 수도 있습니다. 진정한 차이는 오히려 이 질문을 스스로에게 던지는 사람과, 그런 질문을 던질 필요조차 느끼지 못하는 사람 사이에 존재합니다. 후자에 속하는 사람들은 그 어떤 것, 그 누구를 위해서도 기꺼이 죽음을 선택하지 않을 사람들입니다. 그들에게 삶의 목적은 그저 살아 있는 것, 그 이상도 이하도 아닙니다. 그저 살기 위해 사는 것, 즉 생존하는 것이죠. 이들이야말로 죽음을 가장 두려워하는 사람들입니다. 그들이 할 줄 아는 것이라고는 오직 자신의 삶에 필사적으로 매달리는 것뿐이니까요.

반면에 이 질문을 스스로에게 던지는 사람은, 그 질문을 하는 바로 그 순간부터 깊은 자기 탐색의 여정을 시작합니다. 무엇이 중요하고 무엇이 중요하지 않은지, 어떤 이상이 자신에게 영감을 주고 어떤 원칙이 자신의 생각과 행동을 이끄는지 주변을 둘러보며 자문합니다. 그는 그저 살기 위해 사는 것이 아니라, 자신의 삶에 의미를 부여할

무언가를 찾기 위해 살아갑니다. 소크라테스가 말했듯이, 탐구 없는 삶은 살 가치가 없는 삶입니다. 이 말은 보통 탐구 없이 살아가는 이들에 대한 경고나 질책으로 읽히지만, 답을 찾지 못한 채 계속해서 질문을 던지는 이들에게는 따뜻한 위로가 되기도 합니다. 삶을 가치 있게 만드는 것은 도달해야 할 목적지가 아니라, 그 목적지를 향해 나아가는 탐구의 과정 그 자체입니다. 해답이 아니라 질문 그 자체인 것이죠. 감히 탐구를 시작할 용기를 낸 사람이라면, 누구든 자신의 삶이 헛되지 않았다고 말할 수 있을 겁니다. 자신의 이름에 걸맞은 삶을 살아왔다면, 후회의 무게는 훨씬 가벼워지고 죽음에 대한 두려움 또한 줄어들게 됩니다.

그리고 이제, 우리의 죽음에 관한 이 긴 이야기를 마치며, 우리는 평온하게 미소 지을 수 있습니다. 왜냐하면 권총을 든 누군가가 갑자기 우리 집 문을 두드리며, 우리가 선택한 대의를 위해 죽을 준비가 되었느냐고 묻는 일은 (아마도) 없을 테니까요. 여기서 중요한 것은 우리의 목숨을 내던지는 것이 아니라, 다만 우리의 삶을 끊임없는 탐구를 위해 바치는 것입니다.

다른 이들의
죽음으로 인한 고통

 우리가 우리 자신의 죽음에 대한 생각을 피하려고 애쓰는 것처럼, 우리는 사랑하는 사람들의 죽음에 대한 생각 역시 똑같이 외면하려 합니다. 그리고 누군가의 부고를 접하게 되면, 우리는 마치 온몸이 찢어지는 듯한 고통을 느낍니다. 그에게 충분한 시간을 내주지 못했다는 후회, 그를 얼마나 아꼈는지 제대로 표현하지 못했다는 안타까움에 휩싸이죠. 우리가 하지 못했던 일들에 대해 스스로를 질책하며 깊은 슬픔 속으로 빠져듭니다.

 주변에서는 고통을 받아들이고, 언젠가는 그 아픔이 조금이라도 덜해지리라는 희망을 품은 채 그 고통과 함께 살아가는 법을 배워야 한다고들 말합니다. 하지만 고통이 지나가기만을 바라는 것은, 마치 팔이 부러졌는데도 치료하지 않고 언젠가 저절로 낫기를 바라며 버티는 것과 같습니다. 물론 시간이 흐르면 고통은 더 견딜 만할지도 모릅니다. 하지만 그것이 상처 입은 팔이 완전히 치유되었다는 의미는 아닐 겁니다.

 몸에 대한 이 비유는 결코 우연이 아닙니다. 우리가 고통을 다루는 방식은 실제로 우리 몸의 면역 체계에 영향을 미칩니다. 1997년, 심리학자 제임스 페네베이커(James

Pennebaker)는 그의 학문 인생에 지대한 영향을 미친 한 연구를 진행했습니다. 그는 한 그룹의 학생들에게, 그들이 겪었던 최악의 경험 중 아무에게도 말한 적 없는 사건에 대해 글을 써달라고 요청했습니다. 페네베이커는 그들의 글이 철저히 익명으로 처리될 것이라고 안심시켰고, 학생들은 자신의 속마음을 털어놓는 데 동의했습니다. 어떤 학생들은 어린 시절 겪었던 학대 경험을 고백했고, 또 다른 학생들은 형제를 잃은 슬픔을 한 번도 제대로 극복하지 못했다고 털어놓았습니다. 페네베이커는 그들에게 감사를 표한 뒤, 또 다른 학생 그룹을 불러 이번에는 아주 사소하고 중요하지 않은 주제에 대해 글을 써 달라고 요청했습니다.

실험이 끝난 후부터 거의 두 달이 지날 때까지, 이 심리학자는 대학 의료 센터와 긴밀한 연락을 유지했습니다. 생리학적 측정 결과는 놀라웠습니다. 자신들의 트라우마를 글로 묘사했던 학생들이, 사소한 문제에 대해 글을 썼던 학생들보다 면역 체계가 훨씬 더 활발하게 반응한다는 사실이 드러난 것입니다. 이 실험의 효과는 6주 동안 지속되었습니다.

우리의 고통을 말로 표현하는 것은 우리를 더 강하게 만들고, 더 나아지도록 돕습니다. 이것은 단순히 우리가 속마음을 털어놓기 때문에 일어나는 현상만은 아닙니다.

말을 사용하는 과정을 통해, 우리는 그 고통에 의미를 부여하는 법을 배우기 때문입니다. 고통스러운 사건에 대해 글을 쓸 때, 우리는 단순히 사건들을 자세히 보고하는 데 그치지 않습니다. 우리의 감정, 좌절된 희망, 다른 사람들이 어떻게 행동했으면 하고 바랐던 것, 그리고 그 사건이 우리에게 어떤 의미였는지에 대해 충분한 공간을 내어줍니다. 우리는 그렇게 고통에 의미를 부여하기 시작하는 것입니다. 상처는 아물고 흉터가 생기도록 반드시 치료해야 하듯이, 고통 역시 다른 무언가로 변화될 수 있도록 정면으로 마주해야 합니다.

"시간이 지나면 괜찮아질 거야", "결국엔 익숙해지게 될 거야"와 같이 겉보기에 위안을 주는 말들 뒤에는, 사실 고통이란 우리가 그저 익숙해져야만 하는 일종의 형벌이라는 생각이 숨어 있습니다. 하지만 만약 우리가 고통을 형벌이라고 생각한다면, 우리는 마치 비극적인 연극 속 주인공처럼 삶을 살아가게 됩니다. 그리스 비극에서 그 누구도 고통의 이유를 묻지 않는 것은 결코 우연이 아닙니다. 오이디푸스는 자신이 싸우려 했던 오만한 남자가 자신의 아버지라는 사실을 몰랐지만, 신들의 뜻은 그로 하여금 끔찍한 죄로 자신을 더럽히도록 만들었습니다. 이피게네이아는 아무런 잘못도 저지르지 않았지만, 신들의 분노를 달래기 위한 제물로 바쳐졌습니다. 당시 사람들은 왜

신들이 인간에게 그토록 많은 것을 요구하는지 묻지 않았습니다. 신들의 결정은 아무런 의미도 이유도 없는 형벌이었고, 인간은 그저 묵묵히 견뎌 내야만 했습니다. 만약 반항이라도 한다면, 더 끔찍한 고통을 겪게 될 뿐이었으니까요. 그들이 할 수 있었던 유일한 것은, 어쩌면 오늘날 우리가 여전히 하려고 애쓰는 것과 마찬가지로, 가슴에 무거운 짐을 짊어진 채 그저 앞으로 나아가는 것이었습니다.

플라톤은 그렇게 하지 않았습니다. 그는 멈춰 서서, 자신의 고통에 귀 기울였고, 그것에 의미를 부여하려 애썼으며, 그것을 다른 무언가로 변화시키려 노력했습니다. 플라톤의 선택은 그와 소크라테스가 공유했던 단 하나의 것, 바로 철학을 위해 싸우는 것이었습니다. 그는 우아함과 고결한 정신으로, 적어도 종이 위에서만큼은 소크라테스에게 다시 생명을 불어넣었습니다. 그는 자신의 모든 철학 작품에서 소크라테스를 주인공으로 등장시켰습니다.

우리 역시 플라톤처럼, 우리의 고통을 변화시켜 그것이 단지 가슴을 짓누르는 무게가 아니라, 우리 곁을 떠난 그 사람의 가장 아름다운 부분들이 영원히 사라지지 않도록 싸우게 하는 동기가 되도록 만들 수 있습니다. 시간은 상처를 치유하지 않습니다. 상처를 치유해야 하는 것은 바로 우리 자신입니다. 그리고 상실로 인한 상처는, 비록 많은 것을 빼앗겼다 할지라도 무언가는 영원히 우리와 함께

남아 있을 것이라는 사실을 깨달을 때 비로소 아물기 시작합니다. 플라톤에게, 그 무언가는 바로 철학이었습니다.

기원전 367년, 아카데모스 숲.
디온은 플라톤의 걸음을 따라가려 애썼지만, 숲길을 걷는 데는 영 익숙하지 않아 보였습니다.
그는 숨을 헐떡이며 말했습니다.
"맹세컨대, 디오니시오스 2세는 그의 아버지와는 다릅니다. 정말로, 그를 한번 만나 보셔야 합니다."
"나를 설득시켜 보게, 디온…."
플라톤은 눈썹을 한번 치켜올렸습니다.
"보통은 당신이 다른 사람들에게 뭔가를 이해시키는 쪽이지, 그 반대는 아니지 않습니까."
"아첨은 내게 통하지 않네."
플라톤은 걸음을 빨리했고, 디온은 나무뿌리들 사이를 폴짝거리며 그를 뒤따라야 했습니다.
"자네는 지금 내게 새로운 폭군, 그러니까 디오니시오스 1세의 아들을 만나기 위해 시라쿠사로 돌아가라고 권하는 것인가, 맞나?"
"제가 말씀드렸잖습니까, 디오니시오스 2세는 그의 아버지와는 전혀 닮지 않았다고요. 그는 철학을 사랑하고, 철학의 원칙에 따라 나라를 다스리고 싶어 합니다."

플라톤은 하늘을 향해 눈을 굴렸습니다.

"그 말은 이미 들어 봤네. 그의 아버지가 했던 말과 똑같군. 결국, 그들은 그렇게까지 다르지는 않은 모양이야."

디온이 고집스럽게 말했습니다.

"선생님과 저는 오랜 친구 사이인 걸 잊지 마십시오. 만약 제가 디오니시오스가 그의 아버지와 같다고 생각했다면, 결코 선생님께 저와 함께 시칠리아로 가자고 청하지 않았을 겁니다."

플라톤은 갑자기 걸음을 멈췄습니다.

"그렇다면 나는 자네에게 다시 한번 말해 주겠네."

그가 싸늘하게 말했습니다.

"내가 왜 시라쿠사로 돌아가기를 그토록 꺼리는지를 말이야. 디오니시오스 1세는 나를 그의 궁정으로 초대했고, 내게 싫증이 나자 나를 에기나 섬에 노예로 팔아넘겼네. 그곳에서 내 친구 안니케리스가 나를 스무 닢에 샀네. 스무 닢이네, 디온. 그러고서 나를 아테네로 데려다주었지. 내가 겪었던 그 모든 일 후에, 자네는 내가 다시 시칠리아로 향하는 배에 오르는 것을 보고 싶단 말인가?"*

그는 대답을 기다리지 않고 즉시 다시 걷기 시작했습니다. 곧 그는 자신이 숲 한가운데 세운 철학 학교, 아카데

---

* 디오게네스 라에르티오스, 『철학자들의 생애(Vite dei filosofi)』, 3권, 18/19, 라테르차, 로마 2021.

메이아의 입구를 보게 될 것이었습니다. 며칠 전, 아주 총명한 학생 하나가 새로 들어왔고, 그는 그 학생을 더 알아보고 싶었습니다.

"그렇다면 정말 사실이었군요."

디온은 뒤처져 있었기에, 플라톤에게 들리도록 소리쳐야 했습니다.

"선생님은 그저 뒷걸음질 치는 분, 아름다운 말만 늘어놓고 정작 실천은 하지 않는 그런 분이셨던 겁니다!"

플라톤은 입을 딱 벌렸습니다.

"나를 두고? 자네가 어찌 그런 생각을 할 수 있단 말인가?"

"저는 결코 그렇게 생각하지 않습니다. 만약 선생님께서 저와 함께 가지 않으신다면, 선생님 스스로가 자신에 대해 그렇게 생각하게 되실 겁니다."

디온은 숨을 고르기 위해 나무에 기댔습니다.

"선생님께서는 여러 해 동안 철학에 대해 말씀하셨고, 세상은 마땅히 철학자들에 의해 다스려져야 한다고 설파하셨습니다. 하지만 이제 자신의 삶의 방식을 바꾸고 선생님의 원칙을 따르고자 하는 폭군을 만날 기회가 왔음에도, 그를 만나기를 거부하고 계십니다."

플라톤은 침묵했습니다. 바람에 나뭇잎 스치는 소리와 작은 새들의 지저귀는 소리가 들려왔습니다. 그는 디온에게 등을 돌리고 아카데메이아로 돌아갈 수도 있었습니다.

그곳에서는 안전할 것이고, 스타게이아에서 막 도착한 그 유망한 제자와 함께 하루 종일 철학에 대해 이야기하며 보낼 수도 있었을 겁니다. 그저, 말만 하면서 말입니다. 아니면, 숲을 떠나 시칠리아로 그를 데려갈 파도 소리를 선택하고, 한 폭군을 철학으로 이끌기 위해 자신의 최선을 다할 수도 있었습니다. 실제로, 행동하면서 말입니다.

그는 눈을 감고 소크라테스를 떠올렸습니다. 다시 눈을 떴을 때, 디온은 미소 짓고 있었습니다.

시라쿠사, 기원전 366년.

왕궁 정원의 레몬 나무들 사이에 깊이 잠겨 앉아 있는 동안, 플라톤의 머릿속에서는 한 가지 생각이 계속해서 맴돌았습니다.

'내 그럴 줄 알았지.'

디온의 말이 옳았습니다. 디오니시오스 2세는 그의 아버지와는 달랐습니다. 그는 훨씬 더 변덕스러웠고, 더 어리석었으며, 남자답기는커녕 아직 어린애 티를 벗지 못한 듯했습니다. 이미 성인이었음에도 불구하고, 그의 행동은 마치 어린아이와 같았습니다. 지난 몇 달 동안 그는 플라톤이 자신과 충분한 시간을 보내 주지 않는다며 칭얼거리고 불평하는 데 대부분의 시간을 보냈습니다. 아테네의 위대한 철학자를 곁에 두는 것을 좋아했지만, 그것은 다

른 사람들이 자신을 좀 더 진지하게 대하도록 만들기 위한 수단일 뿐이었습니다. 플라톤은 군주의 위신을 상징하는 화려한 장식품 그 이상도 이하도 아니었던 것입니다. 그럴 바에는 차라리 왕좌 옆에 공작새라도 한 마리 사다 놓는 편이 나았을 겁니다.

그럼에도 불구하고, 플라톤은 자신을 이런 곤경에 빠뜨린 디온에게 화가 나지는 않았습니다. 그가 선의로 행동했다는 것을 알고 있었고, 안타깝게도 둘 중 더 큰 대가를 치른 것은 바로 디온 자신이었기 때문입니다. 처음에는 디오니시오스 2세도 플라톤을 시칠리아로 오도록 설득해 준 것에 대해 디온에게 감사했습니다. 하지만 시간이 흐르면서, 그는 자신의 소중한 아테네 현자가 디온과 함께 보내는 시간을 질투하게 되었고, 결국 디온을 추방해 버렸습니다.

플라톤은 향수에 젖어 한숨을 내쉬었습니다. 불과 몇 달 전까지만 해도 그는 아테네에서 가장 중요한 철학 학교의 수장이었는데, 이제는 외톨이 신세에 걱정만 가득한 채, 버릇없는 아이 같은 성격의 폭군에게 완전히 휘둘리고 있었습니다.

"여기 계셨군요."

목소리가 들려왔습니다. 디오니시오스 2세였습니다. 플라톤은 그가 등 뒤, 나무들 중 하나 옆에서 나타나는 것

을 보았습니다. 그를 염탐하기 위해 거기 숨어 있었던 걸까요? 얼마나 오랫동안 정원에 있었던 것일까요? 왕궁 안에서는 늘 감시당하고 있다는 느낌을 받았지만, 노골적으로 염탐까지 당하는 것은 처음 겪는 일이었습니다.

디오니시오스 2세는 키가 크고 체격이 좋았습니다. 만약 아침부터 저녁까지 단것만 탐식하지 않고, 그가 하는 유일한 신체 활동이 유흥가를 드나드는 것이 아니었다면, 그는 충분히 건장하고 다부진 몸을 가질 수도 있었을 겁니다.

"제 조언자들이 저를 아주 못 살게 굽니다."

그가 칭얼거렸습니다.

"제가 철학 공부는 그만두고 좀 더 사내다운 일에 전념해야 한다고들 합니다. 하지만 저는 선생님과 함께 여기서 공부하고 싶습니다. 제 마음을 아시잖습니까!"

플라톤은 남아 있는 모든 인내심을 끌어모아야 했습니다.

"대체 어찌하여, 철학하는 것이 왕에게 합당한 일이 아니란 말인가?"

그가 말했습니다.

"그저 말뿐이라고들 합니다. 디온이 그랬던 것처럼, 선생님께서도 말로 저를 현혹하려 한다고 믿는 것 같습니다."

디오니시오스 2세는 어깨를 으쓱했습니다.

"디온은 오직 자네의 안녕만을 바랐네."

플라톤 97

"하지만 그는 저를 상대로 음모를 꾸미지 않았습니까!"

그것은 디온을 추방하기 위해 그가 내세웠던 구실이었습니다. 디온은 디오니시오스 2세를 상대로 결코 음모를 꾸민 적이 없었습니다. 적어도 그가 추방당하기 전까지는 말입니다. 하지만 이제는, 그럴 만한 충분한 이유가 생겼을지도 모를 일입니다.

"다시는 그에 대해 이야기하지 맙시다."

디오니시오스 2세가 명령했습니다.

"제게 철학을 조금 더 가르쳐 주십시오."

플라톤은 대체 어떻게 이런 어린애 같은 자가 시라쿠사를 다스릴 수 있는지 의아했습니다. 그에게는 지성도, 외교술도, 그리고 무엇보다 가장 중요한 규율도 부족했습니다. 그에게 그런 것들을 가르칠 수 있을지는 확신할 수 없었지만, 시도해 봐야만 했습니다. 다시 한번, 말은 그만두고 행동으로 보여 줄 때가 온 것이었습니다.

"좋네. 하지만 조건이 하나 있네."

그가 대답했습니다.

"무엇이든 말씀하십시오."

디오니시오스 2세는 열광적으로 말했습니다.

"자네는 술에 취하는 것을 그만두고, 연회에서 탐식하는 것도 그만두어야 하며, 매일 밤 다른 후궁과 잠자리에 드는 것 또한 그만두어야 할 걸세. 철학자는 결코 그런 식

으로 행동할 수 없네. 그런 생활 방식은 집중력을 해치고 너무 많은 정신적 에너지를 빼앗아갈 것이기 때문일세. 만약 자네가 철학을 공부하고 싶다면, 철학자처럼 사는 법부터 배워야 하네."

디오니시오스 2세는 마치 매 맞은 강아지처럼 그를 바라보았습니다.

"하지만 그건 너무 어렵습니다! 정말 그럴 가치가 있는 일일까요? 어쩌면 제 조언자들이 옳을지도 모르겠습니다. 이런 뜬구름 잡는 이야기들은 국정 운영과는 아무런 상관도 없을뿐더러, 오히려 방해만 될 뿐입니다!"

그는 변덕스러운 아이처럼 얼굴을 찡그렸습니다.

말과 행동 사이

플라톤은 결국 디오니시오스 2세를 철학자로 만들지 못했습니다. 그는 폭군의 끝없는 칭얼거림 속에서 체념한 채 시라쿠사를 떠났습니다. 몇 년 후, 그 칭얼거림은 협박으로 변했고, 플라톤은 어쩔 수 없이 다시 시칠리아로 돌아가야만 했습니다. 하지만 이번에도 디오니시오스 2세는 말로는 철학에 매우 호의적인 척했지만, 행동은 전혀 그렇지 않았습니다. 플라톤은 완전히 지쳐 버렸고, 다시

그곳을 떠났습니다. 시칠리아의 백성들 역시 그와 마찬가지로 지긋지긋했는지, 결국 반란을 일으켜 그 폭군을 몰아냈습니다. 한때 디오니시오스 2세의 가능성을 믿었던 디온조차도 이 음모에 가담했습니다.

플라톤은 이 모든 일을 그의 『일곱 번째 편지*』에 기록했는데, 이 작품에서는 말로만 철학을 사랑했던 그 젊은이에 대한 그의 깊은 실망과 초조함을 쉽게 엿볼 수 있습니다.

우리 모두는 자기 자신에게서든 다른 사람에게서든, 말과 행동 사이에 상당한 거리가 존재한다는 사실을 알아차린 경험이 있을 겁니다. 이 주제를 심리학 분야에서 처음으로 깊이 연구한 사람은 페스팅거(Festinger)였습니다. 그는 어떤 것을 생각하면서도 실제로는 다른 행동을 하는 사람들이 자신에 대해 특별한 불편함, 즉 하루빨리 해소하고 싶어 하는 어떤 긴장감을 느낀다는 점에 주목했습니다. 그들은 자신의 위선을 온전히 인식하지는 못했지만, 내면의 무언가가 제대로 돌아가지 않고 있다는 것을 감지했습니다. 페스팅거는 이 현상을 인지 부조화라고 불렀습니다.

예를 들어, 자신의 건강과 주변 사람들의 건강을 매우 중요하게 생각하는 의대생 소피아가 있다고 해 봅시다.

---

* 플라톤, 『일곱 번째 편지(Settima lettera)』, 카로치, 로마 2020.

소피아는 알코올 칵테일을 마시는 것이 간에 해로울 수 있다는 사실을 잘 알고 있습니다. 하지만 어느 토요일 저녁, 친구들이 그녀를 칵테일 두 잔을 한 잔 가격에 제공하는 술집으로 데려가자, 유혹을 이기지 못하고 술을 주문합니다. 다음 날 아침, 소피아는 자신이 자신의 가치관과 일치하지 않는 행동을 했다는 것을 깨닫습니다. 이 시점에서 그녀는 후회하고 다음번에는 더 강한 의지력을 발휘하겠다고 스스로에게 약속할 수도 있고, 아니면 결국 칵테일 두 잔이 누구를 죽인 것도 아니라며 사건을 가볍게 넘기려 할 수도 있습니다.

페스팅거의 연구에 따르면, 소피아는 후자의 길을 선택할 가능성이 더 높습니다. 그리고 조금씩, 알코올이 사람들이 말하는 것만큼 그렇게 해롭지는 않다고 생각하기 시작할 겁니다. 말(dire)과 행동(fare) 사이의 거리는 좁혀졌지만, 우리가 예상했던 방식은 아닙니다. 소피아는 행동을 바꾸는 것보다 훨씬 덜 힘들기 때문에 말을 바꾸기로 선택한 것입니다.

그로부터 일주일 후, 그녀의 교수 중 한 명이 그녀에게 알코올이 간에 미칠 수 있는 손상에 대한 보고서를 작성해 달라고 요청합니다. 소피아는 보고서를 준비하여 동료 학우들 앞에서 발표합니다. 바로 그날 저녁, 친구들이 다시 그 술집으로 그녀를 초대합니다. 이번에는 소피아가

알코올 마시기를 거부할 가능성이 매우 높습니다. 그녀는 스스로 위선자라고 느낄 것이고, 교수의 칭찬을 받을 자격이 없다는 생각에 부끄러움을 느낄 것이기 때문입니다.

페스팅거에 따르면, 자신의 신념에 대해 공개적으로 이야기하는 것은 그것을 지킬 확률을 높여 줍니다. 왜냐하면 겉보기에는 그것이 우리로 하여금 자신의 위선을 인식하게 만들어, 스스로에 대해 부끄러움을 느끼게 하기 때문입니다.

여기서 '부끄러움(vergogna)'이라는 단어가 무엇을 의미하는지 명확히 해 둘 필요가 있습니다. 우리는 종종 이 단어를 부적절하게 사용하기 때문입니다. 예를 들어, 우리가 어떤 사람과 이야기하고 싶지 않아서 부끄럽다고 말할 때, 실제로는 당황스럽거나 어색하다는 의미인 경우가 많습니다. 정신분석학자 헬렌 루이스(Helen Lewis)에 따르면, 진정한 부끄러움이란 우리가 자랑스러워하지 않는 무언가를 하거나 할 생각일 때, 즉 우리 자신이 스스로에게 실망할 때 생겨나는 감정입니다. 플라톤 자신도 여러 해 동안 모든 제자들과 철학에 대해 이야기한 후, 디온의 행동하라는 초대를 받아들일 수밖에 없었습니다. 그 자신이 직접 글로 남겼듯이 말입니다.

> … 나 자신이 그저 말만 하는 사람, 구체적인 행동에

헌신하려는 의지가 전혀 없는 사람으로 보인다는 생각에 엄청난 부끄러움을 느꼈습니다.

플라톤과 같은 위대한 인물의 행동이 부끄러움 때문에 비롯되었다고 말하는 것은 그의 업적을 폄하하는 것처럼 들릴지도 모릅니다. 우리는 그가 자신의 굳건한 원칙의 힘에 이끌려 배에 올랐다고 생각하고 싶어 합니다. 그를 위선자라고 느끼지 않기 위해 어쩔 수 없이 떠나는 남자가 아니라, 당당하게 고개를 든 모습으로 상상하고 싶어 하죠.

하지만 이 두 가지 모습은 아무리 달라 보일지라도, 사실 서로의 거울상과 같습니다. 우리의 원칙이 고결하고 견고할수록, 그것을 지키지 않으려는 유혹에 빠질 때 우리는 더 큰 괴로움을 느낍니다. 마치 우리 자신을 배신하는 것처럼 느끼고 자존감을 잃게 되죠. 반대로 우리의 원칙이 흐릿하고 약할수록, 우리는 그 순간의 편의에 따라 행동하려는 경향이 커지고 아무것도 부끄러워하지 않게 됩니다.

겉보기에는, 부끄러움을 느낀다는 것은 오히려 우리가 자랑스러워할 만한 일인지도 모릅니다. 그것이야말로 우리에게 원칙이 있다는 증거이니까요. 우리 안의 가장 고결한 부분이 바로 이 작고 성가신 감정이라는 동맹자를

통해, 우리가 실수를 저지르고 있으며 우리가 믿는 바를 존중해야 한다는 신호를 보내는 것입니다. 부끄러움을 느끼는 사람과 그렇지 않은 사람 사이의 차이는, 말만 하고 자신이 한 말을 지키지 않는 사람과, 자신을 드러내고 자신의 이상을 실현해 나가는 사람 사이의 차이와 같습니다. 어쩌면, 디오니시오스 2세와 플라톤 사이의 차이와도 같을지 모릅니다.

아테네, 기원전 360년.

아데이만토스와 글라우콘은 이미 저녁 식사를 위해 집으로 돌아갔지만, 플라톤은 석양을 즐기기 위해 바닷가에 좀 더 머물고 싶었습니다. 긴 성벽은 재건되었고, 항구는 펠로폰네소스 전쟁 이전과 똑같은 모습으로 돌아와 있었습니다. 하지만 플라톤 자신은 변해 있었습니다. 소크라테스의 죽음으로 인한 고통, 디오니시오스 1세를 철학으로 이끌려 했던 헛된 희망, 노예 생활, 아카데메이아의 설립, 그리고 디오니시오스 2세를 더 나은 사람으로 만들려 했던 필사적이고도 결실 없었던 여정들은 그의 지친 얼굴에 깊은 흔적을 남겼습니다.

반면에, 마지막 햇살을 감상하기 위해 그의 옆에 앉은 남자는 젊고 생기가 넘쳤습니다.

플라톤이 말했습니다.

"오늘 밤, 자네는 생각에 잠겨 있는 것 같군. 아리스토텔레스."

청년은 고개를 끄덕였습니다.

"오늘 수업 내용을 곱씹어 보고 있었습니다, 스승님."

"자네는 납득하지 못했군, 그렇지?"

아리스토텔레스는 얼굴이 붉어진 채 황급히 고개를 돌렸습니다. 플라톤은 그를 안심시키려는 듯 미소를 지었습니다.

"나는 내 제자가 내 생각과 다르다는 것을 알고 있네. 두렵지만, 언젠가 자네는 결국 나를 비판하게 될 걸세. 망아지들이 이제 스스로 설 준비가 되었을 때 어미를 떼어 놓으려 하듯, 나를 발로 차게 되겠지."*

"제가 생각하는 바에 대해서는 항상 정직할 것입니다만, 결코 스승님을 발로 차지는 않을 겁니다. 스승님은 제가 바랄 수 있는 최고의 스승이십니다."

플라톤은 그의 어깨를 가볍게 두드렸습니다.

"알다시피, 한때 나에게도 스승이 계셨네."

"정말이십니까? 단 한 번도 말씀하신 적이 없으신데요!"

늙은 철학자는 웃음을 터뜨렸습니다.

"자네도 유머 감각이 있군, 알겠네. 하지만 내가 소크라테스에 대해 그토록 많이 이야기하는 데에는 다 이유가 있네. 그분, 자신이 아무것도 모른다고 말씀하셨던 바로

---

* 디오게네스 라에르티오스, 『철학자들의 생애(Vite dei filosofi)』 5권, 2, 라테르차, 로마 2021.

그분이 내게 모든 것을 가르쳐 주셨네. 내 제자가 나와 다른 생각을 가지고 있다고 해서 내가 기분 상하거나 화내지 않는 것도 바로 그분 덕분일세. 소크라테스께서는 우리의 신념에 너무 깊이 매달릴 필요가 없다는 것을 깨닫게 해 주셨네. 왜냐하면 우리의 신념이라는 것이 매우 자주 틀리기 때문이지. 우리는 그것들을 끊임없이 시험하고, 무너지는 것을 지켜보고, 또 다른 것들을 찾아 나서야 하네. 어쩌면, 안타깝게도, 우리는 결코 진리에 도달하지 못할지도 모르지. 그렇다면, 우리가 할 수 있는 전부란 인간의 담론 중 가장 훌륭한 것, 즉 가장 적게 반박될 수 있는 것을 붙잡고, 마치 그것이 작은 뗏목이라도 되는 양 의지하여, 위태로운 인생이라는 바다를 항해하는 것뿐일세."*

청년은 대답하지 않았습니다. 그는 자신이 스승이 될 차례가 되었을 때 제자들에게 무엇을 가르쳐야 할지에 대해 깊은 생각에 잠겨 있었습니다.

늙은 플라톤과 젊은 아리스토텔레스는 나란히 서서 석양을 바라보았습니다. 생각은 달랐지만, 그들의 영혼은 놀라울 정도로 닮아 있었습니다.

---

* 플라톤, 『파이돈(Fedone)』, 85 C 및 D, 봄피아니, 밀라노 2018, 185쪽.

아리스토텔레스

기원전 343년, 마케도니아 미에자에 있는 아리스토텔레스의 학교.

"스승님, 스승님께서 목욕하신 기름을 다시 판다는 게 사실입니까?"

아리스토텔레스는 식탁 근처에서 빵 부스러기를 쪼아 먹던 작은 새들이 놀라 달아날 정도로 큰 소리로 웃음을 터뜨렸습니다.

"왜, 자네가 사고 싶기라도 한가?"

학교 주랑 현관*에서 그의 곁에 앉아 있던 알렉산드로스가 고개를 저었습니다.

"아니요, 하지만 사실인지 알고 싶습니다."

아리스토텔레스는 물을 조금 따라 마시며 자신의 어린

---

* 이탈리아어로 포르티코(portico). 대문 앞에 줄지어 선 기둥 위로 지붕이 덮여 있다.

제자를 곁눈질했습니다. 그는 겨우 열세 살이었지만, 어른들을 대하는 태도는 조금도 거리낌이 없었습니다. 마케도니아의 왕자는 분명 강인하고 자부심 넘치는 인물로 성장할 것이 틀림없었습니다.

"아니, 나는 목욕할 때 사용한 기름을 팔지 않네. 하지만 만약 언젠가 팔기로 마음먹는다면, 알아두게, 아주 비싼 값을 받을 걸세."

알렉산드로스는 그를 빤히 쳐다보았습니다. 그는 한쪽 눈은 검고 다른 쪽 눈은 짙푸른, 기묘한 눈빛을 가지고 있었습니다. 이 홍채 이색증 때문에 그의 시선은 읽기가 더 어려웠고, 어딘가 항상 차가워 보였습니다.

"사람들이 스승님에 대해 터무니없는 험담을 지어내는 것이 신경 쓰이지 않으십니까? 그리고 키오스의 테오크리토스가 스승님 머리가 텅 비었다고 말하는 것도 알고 계십니까? 화나지 않으십니까?"

아리스토텔레스는 태연하게 자신이 따른 물을 마셨습니다. 그와 알렉산드로스는 알게 된 지 얼마 되지 않았고, 소년이 그의 성격을 떠보기 위해 약간 도발적인 질문을 던지는 것은 어쩌면 당연한 일이었습니다. 제자와 관계를 쌓는 것은 스승에게 가장 중요한 임무 중 하나였고, 아리스토텔레스는 신중하게 단어를 골라야 했습니다.

"내가 없을 때는, 그들이 나를 채찍질하게 내버려두게나."

그가 대답했습니다. 그는 미소를 지으며 제자의 반응을 기다렸습니다. 그것은 다소 수수께끼 같은 말이었고, 알렉산드로스가 그 의미를 이해하지 못했을 가능성이 높았습니다. 하지만 동시에, 어리석게 보일까 두려워 설명을 요구하지 않을 가능성 또한 더 높았죠. 자존심은 많은 젊은이들의 약점이었습니다.

마침내, 알렉산드로스가 턱을 치켜들었습니다.

"좋으실 대로 하십시오."

그는 자리에서 일어나 나무 그늘 아래서 쉬고 있는 다른 소년들, 모두 마케도니아 귀족의 자제들에게로 갔습니다. 몇 달 전, 필리포스 2세 왕이 자신의 아들의 스승이 되어 달라고 그를 불렀을 때, 아리스토텔레스는 자신이 결국 마케도니아 상류층의 모든 자제들을 가르치게 될 것이라고는 생각지도 못했습니다.

'아테네보다는 여기가 낫지.'

그는 생각했습니다. 플라톤의 도시 아테네는 그가 아테네 출신이 아니라 스타게이아 출신이라는 이유로 자신의 학교를 여는 것을 허락하지 않았습니다. 그는 외국인이었고, 따라서 그가 아테네인들보다 더 뛰어나다 할지라도 그들보다 못한 권리를 가졌습니다. 처음에는 분노를 느꼈지만, 이제 알렉산드로스가 동료들을 떠나 자신에게 돌아오는 것을 보면서, 스타게이아에서 태어난 것이 오히려

큰 행운이었다고 생각했습니다.

"'내가 없을 때는, 그들이 나를 채찍질해도 좋다'고 하신 말씀이 무슨 뜻이었습니까?"

알렉산드로스가 스승 앞에 다시 자리를 잡으며 물었습니다. 호기심이 결국 자존심을 이긴 것이었습니다.

"자네가 없는 사람을 채찍질한다고 상상해 보게. 채찍을 이리저리 휘두르겠지만, 결국 허공만 가를 뿐일세. 없는 사람을 채찍질하는 것은 허공에 채찍질하는 것과 같고, 누군가의 등 뒤에서 험담하는 것은 허공에 대고 말하는 것과 같네. 자네가 없을 때 자네를 채찍질하는 사람에 대해 걱정할 필요가 없네. 그는 자네에게 아무런 해도 끼칠 수 없으니까. 마치 등 뒤에서 남의 말을 할 만큼 비겁한 사람이 그러하듯이 말일세."

알렉산드로스는 여전히 납득이 가지 않는 표정이었습니다.

"만약 면전에서 그런 말을 한다면요?"

아리스토텔레스는 어깨를 으쓱했습니다. "한 번은 어떤 자가 내게 말도 안 되는 소리를 한바탕 퍼부었네. 감히 말하건대, 꽤나 불쾌한 말들이었지. 마침내 그가 내게 기분이 상했는지 묻더군. 아마도 그럴 작정이었던 게지. 나는 전혀 기분 상하지 않았다고 말했네. 그가 말하는 동안 나는 다른 생각을 하고 있었으니까."

알렉산드로스가 미소 지었습니다.

"분명 얼굴이 토마토처럼 빨개졌을 겁니다. 어떻게든 체면을 차리려 했을 텐데요. 뭐라고 대답했습니까?"

"모르겠네. 처음에도 듣지 않았는데, 하물며 두 번째 말을 들었겠는가."

알렉산드로스는 유쾌하게 웃었고, 아리스토텔레스는 그가 단지 재미있어 하는 것만이 아니라는 것을 깨달았습니다. 자신이 방금 한 말 속의 무언가가 소년의 마음을 가볍게 해 준 듯했습니다.

"자네는 다른 사람들의 시선을 걱정하는가?"

아리스토텔레스가 물었습니다.

순간, 알렉산드로스의 얼굴이 어두워졌습니다. 마치 한순간에 스무 살은 더 늙어 버린 듯한 표정이었습니다. 그는 나무 그늘 아래서 쉬고 있는 젊은 귀족들을 향해 등 뒤로 힐끗 시선을 던졌습니다. 그와 아리스토텔레스는 단둘이었지만, 그는 마치 누가 들을까 두려운 듯 아주 작은 목소리로 말했습니다.

"언젠가 저는 왕이 될 것입니다. 백성들의 평판을 걱정해야 하고, 왕국을 최선의 방식으로 다스리는 것에 대해 고심해야 하며, 국경을 압박하는 적들에 대해서도, 마케도니아에 떨어지는 나뭇잎 하나하나까지도 신경 써야 할 것입니다. 때로는, 걱정하는 것만이 제 삶에서 할 수 있는 유일한 일이라는 생각이 듭니다."

걱정하기

직장, 불확실한 미래, 밀려드는 공과금 고지서와 당장 해결해야 할 장보기까지. 우리는 이런저런 걱정거리에서 벗어나고 싶지만, 좀처럼 마음대로 되지 않습니다. 머릿속은 당장 처리해야 할 문제들로 가득 차고, 어디서부터 손을 대야 할지 몰라 꼼짝달싹 못 하는 기분에 휩싸이곤 하죠. 어떤 일을 시작한다는 것은 곧 다른 일을 소홀히 한다는 의미가 되고, 아무리 애써 따라잡으려 해도 결국 아무것도 제대로 해결하지 못한 채 모든 것에 대해 전전긍긍하게 됩니다.

예를 들어, '아라벨라'라는 젊은 여성이 있다고 해 봅시다. 그녀는 회사에서 요구하는 빠른 업무 속도를 따라가기 벅찼습니다. 특히 지난 한 달은 매우 힘들었는데, 상사가 그녀와 동료 한 명에게 중요하면서도 아주 복잡한 프로젝트를 맡겼기 때문입니다. 해야 할 일은 산더미처럼 쌓여 있고 매일같이 바뀌는데, 동료는 아무런 도움도 주지 않을뿐더러 오히려 상사에게 잘 보이려고 그녀와 경쟁하려 듭니다. 아라벨라는 쉬는 날조차 마음 편히 쉬지 못합니다. 끊임없이 업무에 대한 생각과 자신을 곤경에 빠뜨리려는 동료를 어떻게 대해야 할지에 대한 고민으로 머릿속이 복잡하기 때문입니다. 그녀는 너무 걱정이 많아서

밤에는 잠들기조차 어려워합니다. 어떻게든 긴장을 풀고 마음을 진정시키려 애쓰지만, 점점 더 불가능한 일처럼 느껴집니다.

사실, 이렇게 걱정의 굴레에서 벗어나기가 그토록 어려운 데에는 이유가 있습니다. 심리학자 지안프랑코 골드부름(Gianfranco Goldwurm)과 주세페 콜롬보(Giuseppe Colombo)에 따르면, 걱정은 우리의 행복을 가로막는 가장 큰 장애물 중 하나임에도 불구하고, 우리 마음 한구석에서는 그것이 유용하며 문제 해결에 도움이 된다고 믿기 때문에 우리는 끊임없이 걱정합니다.

이는 마치 침실에서 커다란 거미를 발견했을 때, 그 거미를 밖으로 내보낼 때까지 다른 모든 활동을 중단하는 것과 비슷합니다. 우리는 거미를 잡을 용기가 없어서 대부분의 시간을 아무것도 하지 않고 그저 거미만 뚫어지게 쳐다보며 보냅니다. 당장 거미를 잡아서 없애 버리거나, 아니면 방을 나갔다가 나중에 돌아올 수도 있지만, 우리는 그렇게 하지 않습니다. 그저 그 자리에 꼼짝 않고 서서 기다릴 뿐이죠. 아무리 우스꽝스러워 보여도, 이것은 사실 적의 동태를 살피려는 동물적인 본능과 같습니다. 우리는 거미를 통제하고 그것이 갑자기 위험한 움직임을 보이지 않는지 확인하기 위해, 그 자리에 못 박힌 듯 서서 거미를 응시합니다. 우리의 마음은 우리가 언제든 공격에 대응할 준

비가 되어 있기를 바라는 것입니다.

  우리가 무언가에 대해 걱정할 때도 똑같은 메커니즘이 작동합니다. 걱정의 대상은 바로 우리가 아무것도 하지 않으면서 끈질기게 응시하고 있는 '마음속의 거미'인 셈입니다. 이것은 엄청난 에너지 낭비일 뿐만 아니라 아무런 도움도 되지 않지만, 우리는 그것을 멈출 수가 없습니다. 왜냐하면 우리 마음 한편에서는 만약 우리가 그 거미에게서 눈을 떼면, 그 거미가 우리를 공격하거나 허를 찌를지도 모른다고 두려워하기 때문입니다. 그래서 우리는 차라리 계속해서 경계 상태를 유지하는 편을 택합니다.

  이렇게 끊임없는 걱정에서 벗어나 평온함을 되찾기 위해 흔히 사용되는 방법 중 하나는 보르코벡(Borkovec)이 제안한 기법으로, 불안과 약속 시간을 정하는 것입니다. 예를 들어, 아라벨라는 자신의 걱정과 오후 6시부터 6시 30분까지 '걱정 약속'을 잡을 수 있습니다. 그 30분 동안 그녀는 다른 아무것도 하지 않고, 오직 머리를 감싸 쥐고 마음껏 걱정만 해야 합니다. 언뜻 듣기에는 전혀 위안이 되지 않는 방법처럼 보이지만, 사실 보르코벡의 기법은 '언제 공격받을지 모른다'고 두려워하는 우리 마음의 한 부분을 진정시키는 효과가 있습니다. 우리가 종종 그러하듯 걱정을 억누르려 애쓰는 대신, 그것을 기꺼이 받아들이고 일정 시간을 할애해 주는 것입니다. 끊임없이 속삭이는

불안의 목소리를 잠재우려 하기보다, 그 목소리가 충분히 말할 기회를 주되, 일단 할 말을 다 하고 나면 보내 주는 방식입니다.

그 30분 동안 실제로 무슨 일이 일어날까요? 아라벨라의 경우, 그녀는 자신의 걱정이 실은 별다른 근거가 없다는 것을 깨달았습니다. 매번 똑같은 생각들이 반복될 뿐이었고, 사실 하루 종일 그 문제에 매달릴 필요가 없었던 것입니다. 30분 동안 집중적으로 걱정하는 것만으로도, 동료가 자신을 깎아내리려고 시도할지 모르는 온갖 상황들과 그에 대처할 수 있는 모든 방법을 상상하기에 충분했습니다. 마치 할 말이 다 떨어진 사람처럼 그녀의 걱정이 같은 내용을 반복하기 시작하자, 아라벨라는 그날의 '걱정 약속'을 끝냅니다. 오늘은 이만하면 충분히 들었다고 생각하면서요.

이제 마음속에는 작은 목소리 하나만 남아 속삭입니다.

'만약 네가 지금 막 걱정하기를 멈춘 이 순간, 네 동료가 너를 함정에 빠뜨리려고 하고 있다면 어떡하지?'

물론, 어쩌면 그녀가 잠시 마음을 놓는 동안 동료가 그녀에 대해 험담하고 있고, 상사는 그 말을 곧이곧대로 믿고 있을지도 모릅니다. 하지만 그 문제에 대해서는 내일 대처할 방법을 찾으면 됩니다. 지금은 그녀 자신의 마음의 평화를 지키는 것이 더 중요합니다. 그녀가 없을 때는,

마음껏 채찍질하게 내버려두면 그만이니까요.

기원전 342년, 마케도니아 미에자에 있는 아리스토텔레스의 학교.

아리스토텔레스는 동트기 전에 일어났습니다. 낭비할 시간이 없었죠. 그는 추위를 막기 위해 두꺼운 옷을 걸치고 맨발로 방을 나섰습니다. 만약 누군가 그의 샌들 소리를 들었다면 모든 것이 수포로 돌아갔을 겁니다. 순식간에 그는 학교의 주랑 현관 아래에 도착했습니다. 태양은 이제 막 지평선 위로 솟아오르기 시작했고, 미에자는 아직 밤의 고요함에 싸여 있었습니다. 그는 오랫동안 이 순간을 기다려 왔습니다. 깊이 숨을 들이쉬고, 마침내 산책을 시작했습니다.

네, 아리스토텔레스는 마치 도둑처럼 몰래 빠져나왔습니다. 아무에게도 들키지 않도록 조심하면서, 완전한 고독 속에서 산책을 즐기기 위해서였죠. 걷는 것은 그가 더 깊이 사색하고, 생각을 정리하는 데 필요한 평온함을 유지하도록 도와주었습니다. 낮에는 수많은 제자들을 돌보고 이런저런 잡무를 처리해야 했기 때문에 거의 불가능한 일이었습니다. 반면에 밤에는 마음이 너무 지쳐 사색에 잠기기 어려웠죠. 동틀 무렵의 이 귀중한 시간이야말로 완벽했습니다.

텅 빈 안뜰을 거닐던 중, 그는 자신이 혼자가 아니라는 것을 알아차렸습니다. 제비 한 마리가 아침의 첫 비행을 하고 있었습니다. 아마도 아직 날기에는 너무 어린 새끼들에게 가져다줄 먹이를 찾고 있었을 겁니다. '너는 날 수 있지만, 네 새끼들은 아직 날지 못하는구나.' 그는 생각했습니다. '그들은 아직 배워야 할 것이 많다. 하지만 다른 동물들은, 아무리 원한다 해도 날기를 배울 수 없을 것이다. 날개가 필요하고, 잠재력이 필요하니까. 그런데 제비들은 어떻게 날기를 배우는 걸까? 잠재력이란 대체 어떻게 발전하는 것일까?'

"자네도 여기 있었군."

목소리가 들려왔습니다.

아리스토텔레스는 깜짝 놀랐고, 제비는 황급히 나무들 사이로 몸을 숨겼습니다. 알렉산드로스가 장난스럽게 웃었습니다.

"그렇게 작은 것에도 놀라시는 겁니까?"

아리스토텔레스는 한숨을 쉬었습니다. 그의 평화로운 시간은 끝나 버렸습니다.

"여기서 무얼 하고 있는가?"

"밤새 잠을 설쳤습니다."

알렉산드로스가 설명했습니다.

"침대에서 뒤척이는 것에 진력이 나서 바람이나 쐬러

내려왔습니다."

그는 머리가 헝클어져 있었고 눈은 부어 있었습니다. 그들이 함께 보낸 한 해 동안 그는 훌쩍 자랐지만, 그의 얼굴에는 아직 수염의 흔적조차 없었습니다. 그는 어른이 되어 가고 있었지만, 그의 일부는 여전히 어린아이였습니다. 아리스토텔레스는 그런 그를 보살필 준비를 했습니다.

"어떤 걱정이 자네를 밤새 잠 못 이루게 했는가?"

"제 아버지십니다."

그는 땅에서 작은 나뭇가지를 주워 껍질을 벗기기 시작했습니다.

"위대한 필리포스 2세, 마케도니아를 통일하고 그리스에 도전하셨으며, 아시아의 심장부를 정복하실 그분 말입니다. 그분께서는 한 인간이 상상할 수 있는 모든 위대한 업적을 이루고 계시면서, 제게는 아무것도 남겨 주시지 않고 있습니다. 저는 누구에게도 기억되지 못할 겁니다. 그분의 거대한 그림자 속에 사라져 버리겠죠."

그는 부서진 나뭇가지를 땅에 내던졌습니다.

"흥미롭군."

아리스토텔레스가 말했습니다. 그는 다시 산책을 시작했고, 알렉산드로스가 그 뒤를 따랐습니다.

"흥미롭다고요? 그게 무슨 대답입니까?"

"나는 자네에게 답을 주려는 것이 아니라, 질문을 던지

려는 것일세. 자네는 어떤 종류의 왕이 되고 싶은가?"

알렉산드로스는 한 치의 망설임도 없이 대답했습니다.

"위대한 업적을 이루는 그런 왕이 되고 싶습니다. 제 이름이 아버지의 이름보다 더 위대해지기 전까지는 결코 만족하지 못할 겁니다."

"그럼, 일단 자네가 어떤 업적들을 이루고 나면…."

"아킬레우스의 업적과 같은, 위대한 업적들 말입니다."

"아킬레우스의 업적과 같은, 위대한 업적들 말인가…."

아리스토텔레스가 그의 말을 되뇌고서 물었습니다.

"그런 위대한 업적들을 이루고 나면, 그때는 행복할 것이라고?"

"네."

"그러면 자네에게 행복이란 무엇인가?"

알렉산드로스는 미간을 찌푸렸습니다. 아리스토텔레스는 그가 질문 공세에 시달리지 않기 위해 가능한 한 가장 완벽한 답을 찾으려 애쓰고 있다는 것을 알아차렸습니다. 그는 궁지에 몰리는 것을 몹시 싫어했죠.

"제가 원하는 모든 것을 얻고, 모든 사람에게 존경받는 것입니다."

"그리고 밤에는 편히 잠드는 것도?"

"그것도 포함입니다."

소년이 확인해 주었습니다.

"내 생각에, 문제는 그리 간단하지 않은 듯하네."

아리스토텔레스는 더 이상 말을 잇지 않았습니다.

한동안 침묵이 흘렀고, 이윽고 알렉산드로스가 참지 못하고 물었습니다.

"저에게 행복이 무엇인지 설명해 주실 작정입니까?"

"아직은 아닐세. 조금 더 산책을 해야겠네."

행복이란 무엇인가?

아리스토텔레스는 그의 저서 『니코마코스 윤리학』 제1권에서 이렇게 썼습니다.

> 행복이 무엇인지에 관해서는 의견이 분분하다… 종종 같은 사람조차도 상황에 따라 다르게 생각한다. 병들었을 때는 건강이 행복이라고 생각하고, 가난할 때는 부(富)가 행복이라고 생각하는 것처럼 말이다.*

이러한 의견 차이는 오늘날까지도 여전합니다. 모두가 행복에 대해 이야기하지만, 그것이 정확히 무엇인지에 대

---

* 아리스토텔레스, 『니코마코스 윤리학(Etica Nicomachea)』, 1095a, 라테르차, 바리 2009, 7쪽.

해서는 아무도 의견이 일치하지 않죠. 아리스토텔레스가 지적했듯이, 많은 사람들은 행복이란 자신이 가지지 못한 것을 갖거나, 자신이 처한 상황과 정반대의 상황에 놓이는 것이라고 믿습니다. 추운 겨울에는 "아, 여름이 얼마나 좋을까!" 하고 생각하다가, 정작 여름이 오면 더위에 지쳐 불평하는 우리 모습을 떠올려보면 쉽게 이해할 수 있습니다.

하지만 위의 예시에서 아리스토텔레스는 돈이 행복을 가져다준다고 확신하는 가난한 사람들에 대해 이야기합니다. 그리고 분명, 더위에 대해 너무 덥다고 불평하는 것처럼 돈에 대해 너무 많다고 불평하는 사람은 아무도 없을 겁니다. 다음 달 생활비를 걱정하지 않아도 될 때 삶이 더 수월해지는 것은 사실이니까요. 하지만 이것은 행복감이라기보다는 안도감입니다. 우리는 위험하거나 불편한 상황에 처했을 때, 우리에게 부족한 것을 갖게 되면 아주 행복할 것이라고 생각하며 이 안도감을 행복과 착각하곤 합니다. 하지만 막상 그것을 얻고 나면, 또 다른 무언가가 부족하다고 느끼게 되죠. 행복은 늘 한 걸음 더 멀리 있는 듯하고, 우리는 결코 그것에 도달하지 못합니다.

결국 우리는 행복이란 그저 찰나의 순간, 강렬한 기쁨이 정점에 달했다가 금세 사그라지는 그런 것일 뿐이라고 생각하게 될지도 모릅니다. 하지만 다시 한번 말하지만, 우리는 또 혼동하고 있는 것입니다. 그것은 행복이 아니

라 희열입니다. 좋은 소식을 듣거나 우리가 마음에 두고 있는 사람이 데이트 신청을 해 왔을 때 느끼는 그런 강렬한 흥분의 상태 말이죠. 우리가 스스로 불행하다고 불평하는 것도 무리가 아닙니다. 행복이 무엇인지 제대로 알지 못하니, 어떻게 행복에 이를 수 있는지조차 알 수 없는 것이 당연하니까요.

행복 추구는 심리학자들에게도 중요한 주제입니다. 아리스토텔레스 이후 2천5백 년이 지난 지금, 그들은 아리스토텔레스에게서 영감을 받아 '주관적 안녕감 훈련(Subjective Well-Being Training)'과 같은 프로그램들을 개발했습니다. 이 프로그램은 사람들이 각자 자신만의 개인적인 행복 개념을 이해하도록 돕습니다. 이 훈련의 여러 가지 연습 중 하나는 '즐거운 활동 분석'입니다. 자신이 좋아하는 활동, 과거에 즐겼던 활동, 또는 앞으로 해 보고 싶은 활동들을 적어도 스무 가지 이상 목록으로 작성하는 것입니다. 여기에는 평소에는 잘하지 않는 활동, 어떤 것은 짜릿한 흥분을 주는 활동, 또 어떤 것은 조용하고 평화로운 즐거움을 주는 활동, 그리고 자신에게 특별한 의미가 있는 활동, 마지막으로 다른 사람들과 함께 할 수 있는 활동 등을 포함해야 합니다. 반드시 거창하거나 특별한 활동일 필요는 없습니다. 어떤 사람은 산악자전거를 타는 것에서 짜릿함을 느낄 수도 있고, 또 어떤 사람은 시를 쓰면서 깊

은 감동을 받을 수도 있으니까요.

이것은 단지 자신이 무엇을 할 때 기분이 좋아지는지 더 잘 인식하게 되는 첫걸음일 뿐입니다. 이 훈련은 상당한 노력을 요구하며, 많은 시간과 깊은 자기 성찰을 필요로 합니다. 겉보기에는, 행복해지기 위해서는 마치 운동선수처럼 꾸준히 훈련해야 하는 모양입니다. 바로 아리스토텔레스가 말했던 것처럼 말이죠.

행복의 비밀

아리스토텔레스가 그토록 관찰하기 좋아했던 제비 이야기로 다시 돌아가 봅시다. 그 새들은 자유롭게 하늘을 날 때 더 행복할까요, 아니면 새장 안에 갇혀 있을 때 더 행복할까요? 말들은 드넓은 초원을 마음껏 달릴 때 더 행복할까요, 아니면 마구간에 갇혀 있을 때 더 행복할까요? 아리스토텔레스에 따르면, 사람도 동물과 마찬가지로 자신이 태어난 본성에 맞는 일을 할 때 행복을 느낍니다. 그에게 인간이 아무런 목적 없이 태어났다는 생각은 도저히 받아들일 수 없는 것이었습니다. 위장에서 손가락에 이르기까지 우리 몸의 모든 부분은 각자 고유한 기능을 가지고 있는데, 하물며 서로 다른 임무를 수행하도록 설계된

기관들로 이루어진 생명체 자체가 아무런 임무도 갖지 않는다는 것이 어떻게 가능하겠습니까? 아리스토텔레스에게 인간은 실현해야 할 분명한 목적을 가지고 태어난 존재였습니다.

여기서 한 가지 분명히 해 둘 점은, 이것이 우리가 흔히 생각하는 것처럼 어떤 목표 지점에 도달하거나, 행복을 향한 경주의 결승선을 통과하는 것과는 다르다는 사실입니다. 그러한 생각은 오히려 오늘날 우리가 가진 관념, 즉 직업적으로든 경제적으로든 혹은 관계에서든 어떤 '성공'을 이루어야만 비로소 행복해질 수 있다는 생각에 가깝습니다. 아리스토텔레스가 '목적'에 대해 이야기할 때, 그는 전혀 다른 차원의 의미를 염두에 두고 있었습니다.

새들이 날기 위한 날개를 가졌고 말들이 달리기 위한 튼튼한 다리를 가졌듯이, 인간은 이성(理性)을 가졌으며 마땅히 생각해야 합니다. 마치 사람들이 자신의 말을 더 빨리 달리도록 훈련시키듯이, 인간은 자신의 사고 능력을 가능한 한 최대한으로 발전시키기 위해 부단히 노력해야 합니다. 만약 우리가 아리스토텔레스의 철학을 우리 삶에 적용하고자 한다면, 우리는 우리 자신이 가진 가장 고귀한 능력들을 소중히 여기고 그것들을 갈고 닦아야 합니다.

그러므로 스스로에게 물어봅시다. 나의 가장 뛰어난 점은 무엇인가? 나에게는 어떤 재능이 있는가?

우리 중 많은 사람들은 이런 질문 앞에서 당황하며 자신의 잠재력을 제대로 알아보지 못합니다. 심지어 최악의 경우에는 자신에게는 아무런 재능도 없다고 생각하기도 하죠. 하지만 실제로는 그렇지 않습니다. 우리 모두에게는 재능이 있지만, 단지 그것을 잊어버렸을 뿐입니다.

조지 랜드(George Land)와 베스 자만(Beth Jarman)의 매우 유명한 연구에 따르면, 어린이의 98퍼센트가 창의적인 천재의 특성을 가지고 있지만, 이러한 특성들은 성인이 되어감에 따라 점차 사라진다고 합니다. 실제로 성인의 단 2퍼센트만이 어린 시절의 그 창의성 수준을 유지할 수 있다고 하죠. 학자들은 아이들을 획일화하고 그들의 날개를 꺾어 버리는 학교 시스템을 비난합니다. 누구의 잘못이든 결론은 같습니다. 우리에게 잠재력이 없는 것이 아니라, 단지 우리가 그것을 잊고 살아가고 있을 뿐이라는 것이죠. 그것을 되찾기 위해 모든 노력을 다하는 것은, 비록 힘든 과정일지라도, 우리 자신에 대한 정의를 실현하는 행위입니다. 우리는 탐색해야 하고, 새로운 눈으로 우리 자신을 바라보아야 하며, 우리를 소위 '성공'이라는 목표만을 향해 달려가도록 만드는 사회적 틀에서 벗어나야 합니다. 만약 어떤 일이 우리에게 많은 돈을 벌게 해 준다면, 그 일에 평생을 바치는 것도 정당하고 바람직하게 여겨지는 세상입니다. 하지만 만약 우리의 잠재력이 소위

출세나 사회적 성공, 부의 축적과는 아무런 관련이 없다면, 그것을 발전시키는 것은 그저 시간 낭비로 치부되고 맙니다. 이렇게 생각하는 사람은, 제비의 목적이 새장 안에 가만히 있는 것이 아님이 분명함에도 불구하고 제비를 새장 안에 가두려는 사람과 다를 바 없습니다.

제비는 날기 위해 태어났고, 사람은 자기 자신의 가장 훌륭한 부분, 즉 아리스토텔레스의 표현을 빌리자면 '영혼의 탁월성(le virtù dell'anima)'을 표현하기 위해 태어났습니다. 그리고 영혼의 탁월성이란 돈벌이와는 아무런 상관이 없으며, 오직 내면의 아름다움과만 관련될 뿐입니다.

세계에서 가장 위대한 고전학자 중 한 명인 이디스 홀(Edith Hall)은 우리의 과제가 바로 우리의 잠재력을 '실현(realizzare)'하는 것이라고 상기시킵니다. '실현하다'라는 단어는 두 가지 의미를 지니고 있습니다. 첫째는 '깨닫다, 이해하다(capire)'이고, 둘째는 '현실로 만들다(rendere reale)'입니다. 일단 우리의 재능이 무엇인지 깨달았다면, 우리는 그것을 현실로 만들기 위해, 즉 끊임없이 발전시키기 위해 노력해야 합니다. 어떤 구체적인 목표를 달성하기 위해서가 아니라, 단지 그렇게 하는 순수한 즐거움을 위해서 말입니다. 이것이야말로 아리스토텔레스가 생각한 행복의 본질입니다. 자신의 뛰어난 능력을 자유롭게 발휘하는 것. 그 이상도 그 이하도 아닙니다.

그렇다면 우리가 마침내 우리의 잠재력을 깨닫고 그것을 실현해 냈을 때, 과연 어떤 일이 일어날까요? 우리를 매일같이 괴롭히던 걱정거리들은 여전히 그 자리에 있을 겁니다. 하지만 우리에게는 그 모든 시름을 잠시 잊고 피신할 수 있는 안전한 안식처, 즉 그 모든 세속적인 문제들을 하찮게 만들어 버릴 만큼 더 높은 차원의 목적의식이 생길 것입니다. 『니코마코스 윤리학』에 쓰여 있듯이 말입니다.

> 진정으로 탁월하고 지혜로운 사람은 운명의 온갖 뒤바뀜을 우아함과 존엄함으로 견뎌 내며, 어떤 상황에서든 언제나 가장 아름다운 방식으로 행동하는 데 성공한다… 약간의 불행 정도로는 그의 행복을 손상시키기에 충분하지 않을 것이며, 아주 많고 큰 불행들이 닥쳐야만 할 것이다.*

아리스토텔레스는 이상주의자가 아닙니다. 그는 자신의 잠재력을 실현하고 자신의 가장 훌륭한 부분들을 가꾸는 사람조차도 때로는 불행한 사건으로 인해 불행해질 수 있다는 사실을 부정하지 않습니다. 하지만 중요한 점은 이것입니다. 탁월한 사람, 즉 자신의 가장 훌륭한 부분들

---

* 아리스토텔레스, 『니코마코스 윤리학(Etica Nicomachea)』 전게서(前揭書), 1101a, 5-15, 35쪽.

을 끊임없이 연마하는 사람은 오직 거대한 비극에 의해서만 흔들리지만, 그렇지 않은 사람은 아주 사소한 불행에도 쉽게 상처받고 무너진다는 것입니다. 자유로운 제비는 거센 폭풍우 속에서는 괴로워하지만, 새장 속에 갇힌 제비는 화창한 날씨에도 고통스러워하는 것과 마찬가지입니다.

기원전 340년, 마케도니아 미에자에 있는 아리스토텔레스의 학교.

"그렇다면 이제 더 이상 제 스승님이 아니신 겁니까?"

알렉산드로스의 시선을 읽어 내는 것은 어려운 일이었지만, 아리스토텔레스에게는 그렇지 않았습니다. 이제 그는 자신의 어린 제자를 속속들이 알게 되었으니까요. 그는 소년의 눈 속에 담긴 슬픔을 똑똑히 읽어 낼 수 있었습니다.

"나는 언제나 자네의 스승일 걸세. 자네는 원할 때마다 내게 편지를 쓸 수 있고, 만약 나를 부른다면 언제든 자네에게 갈 것이네. 하지만 우리 둘 다 잘 알고 있지 않은가, 자네가 나를 조금도 그리워하지 않을 것이라는 것을 말일세. 분명 자네는 철학 수업보다는 군사 원정을 훨씬 더 선호할 테니."

그가 말했습니다.

"저도 그렇게 생각합니다."

알렉산드로스가 미소 지었습니다.

그들은 침묵 속에 잠시 함께 서서 떠오르는 새벽빛 속을 거닐었습니다. 그것은 어느새 그들만의 소중한 전통이 되어 있었습니다.

"자네에게 줄 선물이 하나 있네."

아리스토텔레스가 말했습니다.

그들은 자신들이 가장 좋아했던 장소인 주랑 현관 아래로 갔습니다. 철학자는 몸을 굽혀 탁자 밑에서 작은 상자 하나를 꺼냈습니다.

알렉산드로스가 그것을 열었습니다. 안에는 아리스토텔레스가 직접 여백에 주석을 단 『일리아스』 한 권이 들어 있었습니다.

'아킬레우스의 업적과 같은, 위대한 업적들.'

알렉산드로스는 마치 귀한 보물이라도 되는 듯 그 상자를 부드럽게 쓰다듬었습니다.

"언제나 제 곁에 두고 다니겠습니다."

아리스토텔레스는 그가 진심을 말하고 있다는 것을 알았습니다.

"그 대신, 자네가 내게 한 가지 약속을 해 주었으면 하네. 약속하게, 세상을 정복하기 전에, 먼저 자네 자신부터 정복하겠다고 말일세."

알렉산드로스 대왕은 약속했습니다.

멀지 않은 곳, 안뜰의 나무들 사이에서 제비 한 마리가 힘차게 하늘로 날아올랐습니다.

세네카

서기 41년, 로마.

"고백하게, 자네와 내 조카딸 리빌라가 연인 사이라는 것을."

세네카는 황제의 날카로운 시선을 담담히 마주했습니다. 그가 막 입을 열어 대답하려 할 때, 클라우디우스 황제가 손을 들어 그의 말을 막았습니다.

"부인해도 소용없네. 황후 메살리나께서는 자네들 두 사람 사이에 무슨 일이 있는지 아주 잘 알고 계시니까."

클라우디우스가 계속해서 말을 이어 가는 동안, 그는 굳게 입을 다물고 있었습니다. 황제는 자신의 목소리를 듣는 것을 꽤나 즐기는 듯했습니다.

'그리고 황후께서는 정부(情夫) 문제에 관해서는 아주 전문가시지.'

세네카는 속으로 생각했습니다.

"칼리굴라였다면 자네를 당장 죽였을 걸세. 그도 그럴 생각을 했었지, 기억하나?"

황제가 물었습니다.

세네카는 고개를 끄덕였습니다. 목숨을 잃을 뻔했던 일을 어찌 잊을 수 있을까.

"그가 자네를 처형하는 수고를 굳이 하지 않았던 것은, 단지 어떤 시녀 하나가 그에게 자네가 늘 병약하니 곧 죽을 것 같다고 말했기 때문이었지."

황제는 경멸이 담긴 눈빛으로 그를 훑어보았습니다.

"사실, 자네는 건강의 화신과는 거리가 멀어 보이긴 하네."

세네카는 다시 고개를 끄덕였습니다. 어릴 적부터 그는 늘 병약했습니다.

"어쨌든, 나는 칼리굴라보다는 낫지 않은가."

세네카는 세 번째로 고개를 끄덕이고는, 그들이 있는 커다란 방의 창문 쪽으로 시선을 돌렸습니다.

"바로 그거야!"

황제는 만족스러운 듯 보였습니다.

"누가 봐도 로마는 나의 통치 아래 번영하고 있지 않은가."

그는 창가로 다가가 커튼을 젖히고는, 얼굴에 미소를 가득 머금은 채 밖을 내다보았습니다.

세네카는 웃음이 터져 나오려는 것을 참기 위해 턱을 악물었습니다. 클라우디우스는 그 암시를 전혀 눈치채지

못했고, 차라리 그편이 나았습니다. 만약 그가 조금이라도 더 총명했다면, 세네카가 자신을 조롱하고 있다는 것을 알아차렸을 테니까요. 칼리굴라가 근위병들에게 살해당했을 때, 그의 숙부인 클라우디우스가 그를 보호하기 위해 손가락 하나 까딱하지 않았다는 사실은 로마 전체가 아는 비밀이었습니다. 공포에 질린 그는 커튼 뒤로 허둥지둥 숨어들었고, 근위병들은 그를 찾아내어 황제로 추대했습니다. 클라우디우스는 그들이 자신을 약하고 쉽게 조종할 수 있는 인물로 여겼기 때문에 그런 선택을 했다는 사실을 평생 깨닫지 못했습니다.

'당신은 정말로 완벽한 황제다, 당신을 이용하려는 자들에게는 말이지.'

세네카는 속으로 생각했습니다. 그는 다시 침묵을 지키며, 커튼을 향해 희미한 미소를 지었습니다.

"자네는 죽지 않을 걸세, 루키우스 안나이우스 세네카. 하지만 자네를 이곳에 계속 머물게 할 수는 없네. 메살리나 황후께서는 귀족들이 벌써부터 나를 비웃고 있다고 하시더군. 내 조카딸이 남편을 배신하고…."

황제는 마치 리빌라가 왜소하고 병약한 마흔다섯 살의 남자에게서 대체 무엇을 찾았는지 의아하다는 듯, 얼굴을 찡그리며 그를 훑어보았습니다.

"…자네와 그렇고 그런 사이라고 말일세. 악의적인 자

들은 자네가 나를 모욕하기 위해 그랬다고 하고, 또 다른 이들은 자네가 그녀를 유혹하여 나를 상대로 음모를 꾸미도록 설득했다고 확신하고 있더군."

클라우디우스는 창가에서 멀어져 이제 그의 바로 앞에 서 있었습니다.

"그들의 말이 맞는가? 자네는 그녀가 그녀의 숙부에게도 반기를 들도록 설득하고 싶은 건가?"

그의 얼굴은 긴장으로 굳어 있었고, 턱은 치켜 올라가 있었습니다. 그는 위협적으로 보이려 애썼지만, 그의 눈에는 두려움이 어른거리고 있었습니다.

처음으로, 세네카가 입을 열었습니다.

"폐하께서 말씀하신 대로, 폐하께서는 훌륭하게 통치하고 계십니다. 폐하는 현명하신 분이시며, 잘못을 저지른 자에게조차 공정하십니다. 여러 가지 이유로 황제로 추대되셨으며, 그 누구도 감히 폐하를 폐위시키려 할 이유가 없습니다. 저는 폐하를 깊이 존경하며, 폐하의 조카딸께서는 더욱 그러하십니다."

그는 리빌라를 구하기 위해서라면 혀라도 깨물고 싶었지만, 이 말들을 해야만 했습니다. 그는 원로원 의원이었기에, 클라우디우스도 그를 죽이기 전에 두 번은 생각할 것이었습니다. 하지만 그녀는, 아무리 고귀한 신분이라 할지라도, 결국 여인이었습니다. 그녀의 목숨은 훨씬 더

가벼웠습니다.

"그것이 내 결정을 바꾸지는 못할 걸세."

클라우디우스가 대답했습니다.

"자네 두 사람은 다시는 만나지 못할 것이다. 자네에게 종신 유배형을 선고하네."

그는 분노나 고통의 기색이라도 읽어 내려는 듯 세네카를 빤히 쳐다보았지만, 아무것도 찾아내지 못했습니다. 철학자는 언제나처럼 무심해 보였습니다.

"이제 가 보게."

황제는 실망한 듯 그를 물렸습니다.

세네카는 움직이지 않았습니다.

"혹시…."

그는 말을 잇기 전에 잠시 멈췄습니다.

"리빌라의 운명은 어찌 될지 여쭤봐도 되겠습니까?"

클라우디우스는 어깨를 으쓱했습니다.

"메살리나 황후께서 그녀를 믿지 않으시니."

세네카는 아플 정도로 이를 악물었습니다.

'메살리나는 그녀를 증오하지, 마치 자신의 자리를 빼앗을지도 모르는 모든 매력적인 여자를 증오하듯이.'

그는 억지로 심호흡을 했습니다.

클라우디우스가 말을 이었습니다.

"그리고 이것이 황후의 의견이므로, 리빌라 역시 다시

는 로마를 보지 못할 걸세. 그녀를 섬으로 유배 보낼 것이고, 그곳에서 처형될 것이다."

세네카는 대답하지 않았습니다. 그의 마음속에는 리빌라 대신 처형당하는 메살리나의 모습과, 자신을 살려 주었던 바로 그 커튼으로 클라우디우스를 목 졸라 죽이는 자신의 모습이 스쳐 지나갔습니다. 분노가 그를 집어삼킬 듯했습니다.

'이런 어리석은 자가 로마를 다스리고 있구나.'

그는 스스로에게 말했습니다.

'그런 자가 네 마음까지 다스리도록 내버려 둘 셈인가?'

그가 할 수 있는 일은 아무것도 없었습니다. 반항한다는 것은 곧 죽음을 의미했고, 그 죽음은 어떤 시인에 의해 기록될지는 모르나, 아무것도 바꾸지는 못할 것이었습니다. 세네카는 고개를 숙이고 방을 나섰습니다. 그가 떠나는 동안, 그의 등 뒤에서 황제가 외쳤습니다.

"나는 네가 네 운명에 순응하는 방식이 마음에 드는구나. 너는 정말 네 친구들, 그 스토아 철학자들과 똑같이!"

그는 황제의 말에 아무런 반응도 보이지 않았습니다. 클라우디우스는 단지 그럴 수 있었기 때문에 그를 도발하는 것뿐이었습니다. 그는 로마에서 가장 강력한 남자였고, 아무도 그의 머리카락 하나 건드릴 수 없었습니다. 칼리굴라 역시 로마에서 가장 강력한 남자였고, 그보다 훨

씬 전에는 율리우스 카이사르가 그랬습니다. 그들 둘 다 잔인하게 암살당했습니다.

로마에서는 상황이 빠르게 변하는 법입니다. 이번에도 변할 것이었습니다.

분노에 대처하는 법

세네카가 유배된 바로 그 해인 서기 41년, 그는 『분노론』이라는 제목의 논고를 집필했습니다. 그가 왜 하필 분노라는 감정과 그것을 다스리는 방법에 그토록 집중했는지 짐작하기란 어렵지 않습니다. 그 해는 그의 인생에서 최악의 해 중 하나였습니다. 그는 겨우 세 살이었던 아들을 잃었고(아이의 어머니에 대한 기록은 남아 있지 않습니다), 가족과 생이별했으며, 재산의 일부를 빼앗긴 채 코르시카 섬으로 추방당했습니다. 클라우디우스 황제에게 분노를 터뜨리고 온갖 저주를 퍼부을 만도 했지만, 그는 그렇게 하지 않았습니다. 대신 그는 부정적인 감정에 휩쓸리는 것이 얼마나 해로운 일인지 이야기하기 위해 『분노론』을 썼습니다. 분노에 자리를 내어 주는 것은 곧 이성의 자리를 빼앗는 것과 같다는 것이 그의 생각이었습니다.

그렇다면, 누군가 우리에게 해를 끼쳤을 때 우리는 어

떻게 해야 할까요? 그저 침묵 속에서 고통을 감내해야만 하는 걸까요? 억눌린 분노의 무게를 짊어진 채 살아가야 하는 걸까요? 차라리 분노를 터뜨리고 우리의 감정을 솔직하게 표현하는 편이 더 낫지 않을까요?

카타르시스 이론을 지지하는 사람들은 그렇다고 말할 겁니다. 그들에 따르면, 우리의 감정은 마치 강물처럼 우리 안을 흐르며, 강물이 결국 바다로 흘러가야 하듯 반드시 배출구를 찾아야 합니다. 분노를 억누르는 것은 마치 댐을 쌓는 것과 같아서, 장기적으로는 엄청난 압력을 이기지 못하고 결국 터져 버려 끔찍한 재앙을 초래할 수 있다는 것이죠. 분노를 표출하고 싶은 욕구는 너무나 강렬해서, 그것이야말로 가장 옳고 자연스러운 행동처럼 느껴지기도 합니다.

하지만 분노와 폭력 연구에 평생을 바친 심리학자 브래드 J. 부시먼(Brad J. Bushman)은, 그 댐이 실제로는 무너지지 않을 뿐만 아니라 오히려 우리에게 꼭 필요하다는 사실을 증명했습니다. 우리의 분노를 표출하는 것은 단기적으로는 만족감을 줄 수 있지만, 장기적으로는 우리를 더욱 편협하고 공격적인 사람으로 만들 뿐입니다. 그렇다고 해서 분노를 그저 억누르기만 하는 것도 능사는 아닙니다. 쉽게 짐작할 수 있듯이, 억압된 분노는 우리 내면에 쌓여 끊임없이 되새김질 되고 결국 깊은 원한으로 변질될 수 있

기 때문입니다.

그렇다면 해결책은 무엇일까요?

8년간의 유배 생활 동안, 세네카는 이 문제에 대해 깊이 생각할 충분한 시간을 가졌습니다. 오늘날 우리는 그의 해결책을 '재구성(reframing)', 즉 현실에 대한 우리 자신의 해석을 수정하는 것이라고 부를 수 있을 겁니다. 그에 따르면, 우리에게 어떤 감정을 불러일으키는 것은 우리에게 일어나는 사건 그 자체가 아니라, 우리가 그 사건을 어떻게 해석하느냐 하는 방식입니다. 만약 우리가 어떤 사건에 부여하는 의미가 바뀐다면, 그 사건에 대한 우리의 감정 또한 바뀔 것이라는 말입니다.

물론 이것은 이론적으로는 훌륭하지만, 실제로는 전혀 다른 문제일 수 있습니다. 호숫가로 소풍 가기로 한 날, 하필 비가 내려서 불평하다가도, 집에 돌아오면 적어도 테라스의 꽃에 물을 줄 필요는 없다는 사실을 깨닫고 위안을 삼는 것처럼 사소한 불행에는 효과가 있을지도 모릅니다. 하지만 사별이나 질병, 그 외의 심각한 고통과 마주했을 때, 우리가 감당해야 할 무게는 너무나도 큽니다. 바로 이 지점에서 세네카의 지혜가 빛을 발합니다. 그가 『섭리에 관하여(De providentia)』에서 말했듯이, "중요한 것은 당신이 무엇을 견뎌야 하는가가 아니라, 당신이 그것을 어떻게 견뎌 낼 수 있는가이다."

살아가기 위한 훈련

세상에서 가장 운이 좋은 남자, 다비데를 상상해 봅시다. 그의 삶은 언제나 순탄했고, 단 한 번의 문제도 겪어 본 적이 없습니다. 저녁이면 그는 편안한 침대에 누워, 내일도 행운이 자신과 함께할 것이라는 행복하고 확신에 찬 마음으로 잠이 듭니다.

만약 그렇지 않다면 어떨까요?

다비데는 불안감에 휩싸여 침대에서 벌떡 일어납니다. 만약 내일, 행운이 그에게 등을 돌리기로 결정한다면? 그는 평생 단 한 번도 문제를 겪어 본 적이 없기에, 첫 번째 어려움 앞에서 속수무책으로 무너져 내릴 자신을 알기에, 무엇을 해야 할지 누구에게 의지해야 할지 전혀 알 수 없을 겁니다. 행운은 그에게 행복을 가져다주었지만, 언제든 그것을 순식간에 빼앗아갈 수도 있습니다. 다비데는 자신의 정신적 균형을 자신이 통제할 수 없는 무언가에 기반해 왔다는 사실을 깨닫습니다. 세상에서 가장 운 좋은 남자는, 결국 외부 상황에 따라 이리저리 휘둘리는 존재일 뿐입니다. 설령 그가 계속해서 행운을 누린다 할지라도, 그는 언제나 그것을 잃을지도 모른다는 불안감에 시달릴 것입니다.

누군가는 행운을 잃을까 봐 두려워하며 사는 것이, 불

운이 확실하다는 절망 속에서 사는 것보다는 항상 낫다고 반박할지도 모릅니다.

그렇다면 이번에는 세상에서 가장 불운한 남자, 스테파노를 상상해 봅시다. 그의 삶에는 불행과 고통만이 연이어 닥쳐왔습니다. 하지만 그 경험 덕분에, 그는 자신에게 닥치는 어떤 일이든 견뎌 내는 법을 알고 있습니다. 저녁에 잠자리에 들 때, 그는 다음 날 자신에게 무슨 일이 일어날지 걱정하지 않습니다. 그는 자신이 그것을 감당할 수 있을 것이라는 것을 압니다. 마치 그동안 겪었던 다른 모든 일들을 감당해 왔던 것처럼 말이죠. 만약 내일도 불운이 계속해서 그를 덮친다면, 그는 언제나 그래 왔던 것처럼 계속해서 견뎌 낼 것입니다.

다비데와 스테파노의 차이점은, 전자는 행운에게 자신을 행복하게 만들 힘을 주었고, 따라서 자신을 파괴할 힘까지도 내주었다는 것입니다. 반면에 스테파노는 저항하는 법을 배웠습니다. 이것이 바로 세네카가 역경에 대해 제시하는 '재구성', 즉 다른 해석입니다. 불운은 불평하거나 분노해야 할 대상이 아니라, 오히려 자신의 성격을 강화할 기회라는 것이죠. 오직 역경 속에서만 우리는 우리 자신이 얼마나 가치 있는 존재인지 스스로에게 증명할 기회를 얻게 됩니다.

진정한 불운은 어쩌면 행운을 갖는 것 자체일지도 모릅

니다. 모든 것이 항상 쉽게만 풀린다면, 우리는 결코 견고한 사람으로 성장할 수 없고, 스스로에 대해 자부심을 느낄 이유조차 찾지 못하게 됩니다. 세네카는 말합니다. 단 한 번도 고생해 본 적이 없는 사람은, 마치 자신 외에는 아무도 경쟁자가 없었기 때문에 올림픽에서 우승한 운동선수와 같다고 말입니다. 그는 월계관을 썼을지는 모르지만, 아무도 이기지 않았다면 과연 진정한 승리자라고 할 수 있을까요?*

우리는 마치 올림픽 경기에서 강력한 상대를 만나듯 역경에 맞서야 하며, 행운이 우리에게 어떤 선물을 가져다줄 때는, 그것이 언제든 곧 다시 그것을 되찾아갈 수 있다는 사실을 분명히 인지하고 있어야 합니다. 오늘날의 세상이 그렇듯, 고대 로마 제국에서도 상황은 눈 깜짝할 사이에 변하곤 했습니다.

서기 54년, 로마. 아그리피나는 웃음을 멈출 수가 없었습니다.

"사람들이 자네를 작가요, 연설가요, 철학자라고는 했

---

* "만약 운명이 그대에게 그대의 가치를 증명할 기회를 주지 않는다면, 그대가 위대한 인물임을 어찌 알겠는가? 만약 그대가 올림픽 경기장에 내려섰는데 경쟁자 이가 그대뿐이라면, 그대는 월계관을 차지할 수는 있겠으나 승리를 얻지는 못할 것이며, 나는 그대를 강인한 자에게 하듯 축하할 수 없고, 단지 법무관직이나 집정관직을 얻은 이에게 하듯 악수를 건넬 수 있을 뿐이리니, 그것은 명예직일 뿐, 그 이상은 아무것도 아니다.", 루키우스 안나이우스 세네카, 『섭리에 관하여』(De providentia), 전게서, IV, 2, 33쪽.

지만, 희극 배우라고는 안 하던데."

그녀는 손에 든 양피지를 둘둘 말고는, 재미있다는 듯 고개를 절레절레 흔들었습니다.

"귀족들이 이 글을 읽기 시작하면, 아마 배를 잡고 웃을 걸세."

세네카는 미소를 지으며 그녀와 나란히 산책을 계속했습니다. 신선한 공기가 그의 살갗을 스쳤고, 멀리 시장에서부터 팔라티노 언덕까지 풍겨오는 향긋한 향신료 냄새를 실어 왔습니다. 그는 그 향기를 더 잘 기억하려는 듯 눈을 감았습니다. 유배에서 돌아온 지는 꽤 되었지만, 로마를 떠나 있던 그 오랜 세월은 그에게 도시의 아주 사소한 풍경 하나하나에도 주의를 기울이는 법을 가르쳐 주었습니다.

"내 여동생도 이걸 보면 웃었을 텐데."

아그리피나가 나지막이 중얼거렸습니다. 세네카는 다시 눈을 뜨고 그녀를 바라보았습니다. 아그리피나는 결코 리빌라에 대해 먼저 입을 여는 법이 없었습니다.

'입 밖에 내지 않는다고 해서 생각까지 하지 않는 것은 아니겠지.'

그는 생각했습니다.

"어떤 이들은 자네가 잠시도 입을 다물고 있지 못한다고 하던데, 정작 권력자들 앞에서는 아무 말도 못 하면서 말일세."

그녀가 말을 이었습니다.

"자네를 유배에서 다시 불러들인 것도 나고, 심지어 내 아들의 개인 교사로 삼은 것도 나일세. 나에게서 두려워할 것은 아무것도 없네."

그녀는 미소를 지으며 그의 팔에 살며시 손을 얹었습니다.

세네카는 팔을 빼지는 않았지만, 그렇다고 그녀의 다정한 몸짓에 화답하지도 않았습니다. "내가 자네의 신뢰를 얻지 못했다는 것을 알고 있네."

그녀가 말을 계속했습니다.

"하기야, 내가 한 남자를 죽였으니."

그녀는 조금의 망설임도 없이 담담하게 인정했습니다.

"하지만 그는 자네를 유배 보냈고 내 여동생을 죽게 만든 바로 그 남자였네. 바로 그 남자 말일세."

그녀는 둘둘 만 양피지를 흔들며 말했습니다.

"자네가 그토록 통쾌한 욕설을 퍼부었던 바로 그 남자 말이야."

세네카는 마치 그녀의 말에 동의라도 하는 듯 고개를 끄덕였습니다.

'그래, 나는 그에 대해 욕설을 퍼부었지. 하지만 당신은 황후가 되기 위해 그와 결혼했고, 그다음에는 그를 걸리적거린다는 이유로 독살했지. 맞아, 나는 당신을 믿지 않아.'

아그리피나가 그의 팔을 꽉 쥐었습니다.

"만약 내가 그렇게 하지 않았다면, 만약 내가 클라우디우스를 죽이지 않았다면, 조만간 그는 메살리나를 처형했

듯이 나 또한 처형했을 걸세."

그녀의 손톱이 그의 살갗을 파고들었습니다.

세네카는 미동도 하지 않았습니다.

"메살리나는, 그녀의 정부들과 너무 멀리 나갔기 때문에 처형당했지. 자네는 그가 자네 또한 처형했을 것이라고 말하는데, 그렇다면 묻겠네. 자네는 대체 어디까지 나아갈 작정인가?"

그가 입을 열었습니다.

"나는 내 아들이 황제가 되기를 원하네."

아그리피나는 잡았던 팔을 풀었습니다.

세네카는 말없이 산책을 계속했습니다. 그녀는 그의 눈을 마주치려 했지만, 그는 눈길도 주지 않았습니다.

"클라우디우스는 결코 내 아들을 선택하지 않았을 걸세. 하지만 나는 알고 있네. 자네의 지도 아래, 내 아들은 로마 역사상 가장 위대한 황제가 될 것이라는 것을."

"나를 치켜세우려 들지 말게."

세네카는 관자놀이가 지끈거리는 것을 느끼기 시작했습니다.

"자네는 단지 나를 이용하고 싶을 뿐이야. 내가 자네 아들 편에 서면 원로원 의원들이 그의 제위 계승을 승인할 것이라고 생각하는 것 아닌가."

아그리피나는 손안의 양피지를 만지작거렸습니다.

"자네는 스스로가 우월하다고 생각하는군, 그렇지? 나

세네카

와 이곳 궁정의 다른 모든 사람들보다 말일세."

그녀는 클라우디우스가 그랬던 것처럼 턱을 치켜들었습니다.

"분노를 억누르고, 그 무엇에도 흔들리지 않고 용감하게 삶에 맞서는 법을 가르치는 철학자 나셨군. 말로는 온갖 종류의 행운을 다 경멸하면서도, 자네 재산은 계속해서 불어나고 있지 않은가."

세네카는 몸이 굳어지는 것을 느꼈습니다.

"자네가 유배에서 돌아오라고 했을 때, 자네 말로는 이미 그 고통을 견디는 법을 배웠다고 했었지. 마치 늑대 무리에게서 구출된 강아지처럼 내게 달려오지 않았나."

그 순간까지 나란히 걷던 아그리피나가 갑자기 그의 앞을 가로막으며 그를 멈춰 세웠습니다.

"자네가 왜 내 아들이 황제가 되기 전뿐만 아니라, 황제가 된 후에도 그를 지지할 수밖에 없는지 아는가? 자네는 이곳 로마에 머물고 싶어 하기 때문일세, 세네카. 자네 역시 내가 그런 것처럼 권력을 갈망하고 있어. 자네의 철학 논고들은 참으로 훌륭하지만, 그것들은 단지 말뿐일세. 자네의 본성은 전혀 다른 곳에 있지."

세네카는 다시 시장에서 풍겨오는 향긋한 향신료 냄새를 맡았습니다. 만약 아그리피나가 그를 다시 유배 보내 모든 것과 모든 사람에게서 멀리 떨어뜨린다면, 그는 다시는 이 냄새를 맡지 못할 것이었습니다.

"돕겠네."

그는 이를 악물고 말했습니다. 아그리피나는 미소 지으며 다시 그와 함께 걷기 시작했고, 클라우디우스에 대해 쓴 그의 재치 있는 비판들에 대해 다시 한번 칭찬을 늘어놓았습니다.

'그를 돕겠다. 당신의 영향력에서 벗어나, 현명하고 공정하게 통치하도록 말이다.'

아그리피나의 아들은 로마가 본 가장 위대한 황제가 될 것이라고, 그는 스스로에게 다짐했습니다. 철학자 황제로서 말입니다.

넘어지는 법 배우기

세네카는 위선자였습니다. 적어도, 그의 동시대 사람들이 그에 대해 그렇게 말했고, 수백 년 후 페트라르카나 디드로와 같은 위대한 지식인들 또한 그렇게 말하곤 했습니다. 그는 철학 외에는 아무것도 필요 없다고 큰 소리로 외쳤지만, 그의 재산은 해마다 늘어만 갔습니다. 그는 권력이란 인간을 타락시킬 뿐이라고 말했지만, 황제의 궁정에서 살기 위해 온갖 노력을 다했습니다. 마지막으로, 결코 간과할 수 없는 점은 그는 정의에 대해 그토록 열변을 토

하고는 정작 자신의 눈앞에서 벌어진 수많은 살인에는 침묵으로 일관했다는 것입니다.

언뜻 보기에는 소인배의 행동처럼 보이지만, 우리는 겉모습 너머를 보려고 노력해야 합니다. 세네카를 위선자라고 손쉽게 단정하는 것은 부당하며, 마치 우리가 이상적으로 생각하는 자신의 모습에 도달하지 못했을 때 스스로를 가혹하게 비난하는 것과 같습니다. 우리는 의지력이 부족하다며 자신을 실망시키고, 아무리 애써도 나아지지 않는다고 자책합니다.

세네카는 정확히 그렇게 느꼈습니다.

그가 스토아 철학의 이상에 대해 열정적인 글을 써 내려갈 때, 그는 자신이 실제로 어떤 사람인지를 묘사한 것이 아니라, 자신이 어떤 사람이 되기를 바라는지를 그렸습니다. 반면에 자신에 대해 이야기할 때는 스스로를 "결점투성이의 훌륭한 견본품*"이라고 칭했습니다. 『영혼의 평온에 관하여(De tranquillitate animi)』에서 그는 자신의 이상에 미치지 못하는 데 대한 괴로움을 이렇게 토로합니다.

> 나는 언제나 선한 의지를 향한 이 불안정함 때문에 고통받는다. 그 의지들로부터 점점 더 멀어질까

---

* 루키우스 안나이우스 세네카, 『행복한 삶에 관하여(De vita beata)』, XVII, 4, 에이나우디, 토리노 2017, 163쪽.

봐 두렵고, 혹은 이것이 나를 더욱 고통스럽게 하는데, 마치 언제든 넘어질 것 같은 사람처럼 위태롭게 매달려 있을까 봐 두렵다. 그리고 나는 또한 이것이 내가 깨닫고 있는 것보다 더 심각한 병일까 봐 두렵다.*

세네카는 권력자들의 협박에 굴복할 때 자신이 잘못하고 있다는 것을 알았지만, 자신이 열망했던 그 어떤 시련에도 흔들리지 않는 강인한 인간이 되지는 못했습니다. 그가 겪었던, 그리고 우리 모두가 자신의 기대에 미치지 못할 때 겪는 그 내적인 고통은, 심리학자 히긴스(Higgins)가 '자아 불일치(discrepanza del sé)'라고 부르는 현상 때문에 발생합니다. 히긴스에 따르면, 우리 각자에게는 '이상적 자아(sé ideale)'와 '당위적 자아(sé imperativo)'가 있습니다. 이상적 자아란 우리가 되고 싶어 하는 모습이고, 당위적 자아란 우리가 되어야만 한다고 느끼는 모습입니다. 우리의 현재 자아가 이 당위적 자아 및 이상적 자아와 거리가 멀다고 느낄수록, 우리는 더욱더 부끄러움을 느끼고, 좌절하며, 자신감을 잃게 됩니다. 우리는 원대한 꿈을 꾸지만 현실에서는 별다른 성과를 내지 못하고, 최악의 경우에는

---

* 루키우스 안나이우스 세네카, 『행복한 삶에 관하여(De vita beata)』, XVII, 4, 에이나우디, 토리노 2017, 163쪽.

스스로를 실패자라고 느끼게 됩니다.

　이것은 우리가 시도의 부정적인 결과에만 집중하기 때문에 일어나는 현상입니다. 정작 우리를 칭찬받을 만하게, 혹은 스토아 철학자들이 말하듯 '덕 있는(virtuosi)' 존재로 만드는 것은 바로 우리 자신을 더 나은 사람으로 만들고자 하는 그 욕망 자체라는 사실을 잊어버리는 것이죠. 세네카가 『행복한 삶에 관하여』에서 단언하듯이 말입니다.

> 덕 있는 말들과 선한 의지로 가득 찬 정신을 경멸할 이유는 없다. 지혜에 대해 생각하는 것은 결과에 상관없이 언제나 칭찬받을 만한 일이다.*

　물론, 이것은 자신이 세운 목표에 도달하지 못한 사람에게 주어지는 값싼 위로, 일종의 '참가하는 데 의의가 있다'는 식의 말처럼 들릴지도 모릅니다. 하지만 이런 질문을 한번 던져봅시다. 2년간의 훈련 끝에 달리기 경주에서 우승한 운동선수와, 마라톤 완주라는 꿈을 이루기 위해 매일 달리는 나이 든 신사 중 우리는 누구를 더 존경하게 될까요? 의심할 여지 없이 우리는 운동선수의 승리에 기뻐하겠지만, 아마도 우리의 진정한 존경심은 그 나이 든 신사에게 더 향할 것입니다. 우리가 누군가에게 느끼

---

* 루키우스 안나이우스 세네카, 『행복한 삶에 관하여(De vita beata)』, 전게서, XX, 1.

는 존경심은 그가 얻는 결과에 달려 있는 것이 아니라, 그가 기울이는 노력과 그가 보여 주는 인격에 달려 있기 때문입니다. 그 나이 든 신사가 결국 마라톤을 완주하지 못한다 해도 중요하지 않습니다. 세네카가 말했듯이, "비록 그가 넘어지는 것을 보더라도, 위대한 시도를 하는 사람을 존경하라."* 이 격언은 다른 사람이 넘어질 때뿐만 아니라, 바로 우리 자신이 넘어질 때도 마찬가지로 적용됩니다. 만약 우리에게 중요했던 위대한 시도를 하다가 실패했다면, 우리는 그것에 대해 충분히 자부심을 가져도 좋습니다.

서기 59년, 로마. 세네카는 이보다 더 끔찍한 기분을 느껴본 적이 없었습니다. 불안감은 몇 시간 만에 그를 여러 차례 구토하게 만들었고, 그의 모든 기력을 앗아갔습니다. 그는 침대에 미동도 없이 누워 있었고, 머릿속은 그날 하루 동안 일어났던 끔찍한 장면들로 가득 차 있었습니다. 아마도, 그의 인생 최악의 날이었을 겁니다.

"나는 내가 할 수 있는 모든 것을 다 했다."

그는 스스로를 설득하지 못한 채, 계속해서 큰 소리로 되뇌었습니다. 혹시 시도해 보지 않은 무언가가 있었던 걸까요? 그가 하지 않았던 단 한마디 말, 그 말 한마디가

---

* 루키우스 안나이우스 세네카, 『행복한 삶에 관하여(De vita beata)』, 전게서, XX, 2, 169쪽.

일어났던 일을 바꿀 수도 있었을까요?

　그는 눈을 감고, 늘 그랬듯이, 억지로 심호흡을 했습니다. 아그리피나의 아들, 루키우스 도미티우스를 처음 만났을 때를 떠올렸습니다. 그때 그는 아직 어린아이였고, 이미 다루기 힘든 성격을 가지고 있었습니다.

　"내가 더 나은 스승이었어야 했는데."

　그가 중얼거렸습니다. 그 소년은 세네카가 꿈꿨던 철학자 황제가 되지 못했습니다. 그는 칼리굴라보다 더한 광인이 되어 버렸습니다.

　"내가 더 많은 것을 했어야 했다. 그의 이복형제를 죽이는 것을 막았어야 했다."

　아니, 그럴 수 없었을 겁니다. 루키우스 도미티우스는 공격적이고 폭력적이었습니다. 만약 세네카가 조금이라도 부적절한 말을 했다면, 그 이전에 이미 많은 사람들이 그랬던 것처럼, 그 역시 처형당했을 것입니다.

　"그리고 이제는 심지어 자기 어머니까지 죽게 만들었구나."

　세네카는 또다시 구토감을 느꼈습니다. 아그리피나는 루키우스 도미티우스를 자신이 조종할 수 있다고 믿었습니다. 그녀는 아들이 권력을 잡은 것이 결국 자신 덕분이므로 그가 감사할 것이라고 생각했던 것입니다. 하지만 일단 황제의 자리에 오르자, 그녀의 아들은 더 이상 그녀의 어린 아들이 아니었고, 네로 황제가 되었습니다. 그리

고 황제는 자신의 권력에 조금이라도 도전하는 자는 누구든, 심지어 자신의 어머니라 할지라도 죽여 없앴습니다. 아그리피나가 암살당했다는 소식은 세네카에게 더 이상 희망이 없다는 것을 깨닫게 해 주었습니다.

그의 머릿속에서는 수많은 장면들이 스쳐 지나갔습니다. 그는 기억 속에서 네로가 잔인하게 변해 버린 바로 그 순간을 찾으려 애썼지만, 찾을 수가 없었습니다. 그는 너도밤나무 그늘 아래서 수업 내용을 복습하던 네로의 모습, 위풍당당한 걸음걸이를 배우던 네로의 모습을 떠올렸습니다. 그때는 광기의 흔적이라고는 전혀 찾아볼 수 없었습니다. 아니면 있었는데, 자신이 미처 알아보지 못했던 것일까요?

문득, 그의 눈앞에 클라우디우스와 메살리나의 아들, 브리타니쿠스가 그의 마지막 연회에서 노래하던 모습이 떠올랐습니다. 그는 아름다운 목소리를 가졌지만, 네로는 독으로 그 목소리를 영원히 잠재워 버렸습니다. 장례식의 구슬픈 울음소리가 클라우디우스의 장례식 때의 통곡 소리, 그리고 아그리피나의 격분한 외침과 뒤섞여 세네카의 머릿속에서 울려 퍼졌습니다. 그는 죽은 자들의 목소리를 억누르려는 듯 관자놀이에 손을 눌렀습니다. 그의 주위에는 오직 침묵만이 감돌았습니다.

"나는 실패했다."

그는 마침내 자신과의 대화를 끝맺으며 중얼거렸습니다. 그 사실을 인정하기 전까지, 그는 네로를 바꾸고 제국을 뒤덮은 악덕과 범죄를 소탕하려 애쓰며 궁정에 남아 있었을 것입니다. 하지만 그는 한 가지 기묘한 역설을 미처 헤아리지 못했습니다. 무언가를 깨끗하게 치우려고 할 때, 자신 또한 항상 더러워진다는 사실을 말입니다. 만약 온 궁궐의 바닥을 단 하나의 걸레만으로 닦으려 한다면, 궁궐의 상태는 나아지지 않을 겁니다. 오히려 걸레의 상태만 더 나빠질 뿐이죠. 세네카는 바로 그 걸레였고, 한낱 개인에게는 너무나 거대한 대의에 봉사하도록 내던져진 존재였습니다. 그는 궁정을 떠나야만 했습니다. 그렇지 않으면 그의 상황은 점점 더 악화될 뿐이었을 테니까요.

그는 다음 해, 친구 세레누스에게 편지를 썼을 때 비로소 이 사실을 깨닫게 되었을 겁니다.

> 항해가 위험해지면 즉시 항구를 찾아야 하는 것처럼, 상황이 당신을 불시에 덮치기를 기다리지 말고, 당신 스스로 그것들로부터 멀어질 줄 알아야 한다네.*

---

* 루키우스 안나이우스 세네카, 『영혼의 평온에 관하여』, 전게서, V, 4, 255쪽.

죽음의 방

"나의 루킬리우스여, 이렇게 하게. 자네 자신을 되찾고, 지금까지 자네에게서 빼앗겼던 시간을 되찾게나."*

세네카가 정치 무대에서 물러난 후 집필한 역작, 『루킬리우스에게 보내는 도덕 서한집(Lettere morali a Lucilio)』은 이렇게 시작합니다. 이 구절은 마치 고통스러운 삶을 보낸 후 마침내 자신에게 헌신하기로 결심하고 다른 이들에게도 그렇게 하라고 독려하는 사람의 말처럼 들립니다. 하지만 이 작품은 실제로는 세네카가 스토아 철학과 자신의 경험을 후세에 전하고자 했던, 124통의 편지로 이루어진 서간집입니다. 궁정에서의 은퇴는 그의 작업의 끝이 아니라, 오히려 새로운 시작이었습니다. 마침내 온갖 방해와 유혹에서 벗어나, 그는 자신의 진정한 사명, 즉 영혼을 돌보는 일에 전념할 수 있게 되었습니다.

이미 젊은 시절부터 세네카는 영혼을 돌본다는 것이 곧 그것을 단련시켜 온갖 위험 앞에서도 굳건히 설 수 있도록 만드는 것임을 이해하고 있었습니다. 거의 일흔 살이 다 되어서, 그는 가장 큰 위험인 죽음이 자신에게 다가오고 있음을 보았습니다.

그에 따르면, 죽음을 두려워하는 사람들은 두 가지 유

---

* 루키우스 안나이우스 세네카, 『영혼의 평온에 관하여』, 전게서, V, 4, 255쪽.

형입니다. 하나는 죽음에 관해 떠도는 끔찍한 이야기들에 겁을 먹은 사람들이고, 다른 하나는 진정으로 사는 법을 배우지 못한 사람들입니다. 후자는 돈과 명예, 성공을 쫓느라 인생을 낭비한 사람들입니다. 그들은 세네카가 '자기 자신에 대한 혐오감(fastidio di sé)'이라고 부르는 감정을 느낍니다. 다른 사람들을 질투하고, 이 계획에서 저 계획으로 끊임없이 옮겨 다니며, 쉽게 지루함을 느끼고 결코 마음의 평화를 얻지 못합니다. 그들은 자신들 안에 있는 공허함을 채우고 싶어 하지만, 정작 자신들을 공허한 존재로 만드는 것이 바로 자신들의 선택이라는 사실은 깨닫지 못합니다. 그들이 죽음을 두려워하는 이유는, 한 번도 진정으로 살아 본 적이 없기 때문입니다. 그들은 계속해서 시간을 낭비하고 있기 때문에, 시간은 그들에게 결코 충분하지 않을 겁니다.

반면에 죽음에 대해 들었던 고통스러운 이야기들 때문에 그것을 두려워하는 사람들에게, 세네카는 다음과 같은 비유를 사용합니다.

> 죽음은 그 자체로는 선도 악도 아니다. 카토는 극도로 명예롭게 그것을 맞이했고, 브루투스는 가장 수치스러운 방식으로 행동했다. 어떤 것이든, 만약 거기에 덕(virtù)이 더해진다면, 이전에는 가지지 못했던

광채를 얻게 된다. 우리는 밤에는 매우 어두운 바로 그 방을 (낮에는) 빛으로 가득하다고 말한다. 낮이 그것을 빛으로 채우고, 어둠이 그것을 빼앗는 것이다.*

죽음은 하나의 방과 같습니다. 우리가 그것에 어떻게 맞서느냐에 따라, 그 방은 위엄 있고 빛으로 가득 찰 수도 있고, 어둡고 무시무시한 공간이 될 수도 있습니다. 그렇다면 세네카 자신은 그의 죽음을 어떻게 맞이했을까요?

서기 65년, 로마.

세네카는 자신의 집으로 찾아온 황제의 사자를 맞이했습니다. 그는 근육질의 젊은이였고 자신감에 차 보였지만, 막상 입을 열었을 때는 목소리가 떨리고 있었습니다.

"황제 폐하께서, 폐하를 상대로 음모를 꾸민 죄로 당신에게 사형을 선고하셨습니다."

세네카는 눈썹 하나를 치켜올렸습니다.

"음모를 꾸몄다고?"

그는 피소가 네로를 상대로 모반을 계획하고 있다는 소문을 들었지만, 누군가가 자신을 그 일에 연루되었다고 생각하는 것은 터무니없는 일이었습니다. 그는 궁정을 떠

---

* 루키우스 안나이우스 세네카, 『루킬리우스에게 보내는 도덕 서한(Lettere morali a Lucilio)』, 전게서, X, 82, 515쪽.

난 지 여러 해가 지났고, 이제는 늙고 지쳐 있었습니다. 그런 그가 음모에 무슨 기여를 할 수 있었겠습니까?

사자는 치켜 올라간 눈썹을 무시하고 말을 계속했습니다. 이미 결정된 사항이었고, 재판은 없을 것이며 아무도 그 철학자에게 자신을 변호할 기회를 주지 않을 것이었습니다.

"황제 폐하께서는 당신이 선호하는 방식으로 스스로 목숨을 끊을 영광을 허락하십니다."

그것이 그가 전할 말의 전부였습니다. 세네카는 하인에게 그를 밖으로 안내하도록 했습니다.

'결국 시간문제였을 뿐이다.'

그는 생각했습니다. 네로는 어디에서나 적을 보았습니다. 만약 그럴 수만 있다면, 그는 자신의 권력을 확실히 하기 위해 로마 전체를 불태워 버릴 위인이었습니다.

세네카는 집 안을 거닐기 시작했습니다. 그의 시선이 닿는 모든 물건은 잊었다고 생각했던 기억들을 되살렸습니다. 그는 승리와 패배로 점철된 자신의 삶을 되짚어보기 시작했습니다. 그의 가장 큰 실패는, 그의 가르침으로 네로를 철학자로, 혹은 적어도 훌륭한 황제로 만들지 못했다는 것이었습니다. 어쩌면 철학과 권력이 한 사람 안에 공존할 수 있다고 기대하는 것 자체가 너무 과한 욕심이었을까요? 세네카는 고개를 저었습니다. 답이 무엇이

든, 그는 시도했고, 마지막 순간까지 저항했습니다. 그는 그것에 대해 충분히 자부심을 가져도 좋았습니다.

마침내, 그는 자신의 방을 선택했습니다. 하인들을 불러 따뜻한 목욕물을 준비하게 하고 욕조 안으로 들어갔습니다. 그는 눈을 감았고, 창밖에서 들려오는 로마의 소란스러운 소리를 들었습니다. 그는 미소 지으며 네로가 아그리피나를 암살했던 그날을 떠올렸습니다. 그때 자신이 어떻게 느꼈는지 똑똑히 기억하고 있었습니다. 그의 주위에는 오직 침묵만이 감돌았지만, 죽은 자들의 절규가 그의 내면에서 울려 퍼졌습니다. 하지만 지금은, 반대로, 그의 도시를 가득 채운 살아 있는 사람들의 웅성거림을 들을 수 있었습니다. 그리고 그의 내면에는, 오직 평온만이 존재했습니다. 그는 깊은 숨을 내쉬었습니다.

세네카의 생명이 꺼져 가는 동안, 그의 방은 빛으로 가득 찼습니다. 한 줄기 햇살이 그의 저작들, 네로가 결코 거들떠보지도 않았을 그 책들 위에 내려앉았습니다. 그것들은 애초에 네로를 위해 쓰인 것이 아니었습니다.

거의 백 년 후, 한 어린 소년이 우연히 그 책들을 발견하게 되었고, 처음에는 그저 넘겨보다가, 이내 읽기 시작했고, 마침내는 탐욕스럽게 연구하게 되었습니다. 그는 만약 자신이 언젠가 왕위에 오르게 된다면, 반드시 이 원칙들을 존중하며 통치하겠다고 스스로에게 맹세했습니다.

그 어린 소년이 바로, 철학자 황제 마르쿠스 아우렐리우스*였습니다.

---

* 로마의 5현제 중 마지막 황제인 마르쿠스 아우렐리우스는 '철학자 황제'로 불린다. 그는 전쟁과 역병이 끊이지 않던 격동의 시대에 제국을 통치하며, 스토아 철학을 통해 내면의 평정을 유지하고자 노력했다. 이러한 그의 깊은 자기 성찰은 전쟁터에서 기록한 『명상록』에 고스란히 담겨 후세에 큰 영향을 주었다.

피히테

"여보, 할 말이 있어요."

고틀립은 한숨을 내쉬었습니다. 그날 밤 읽던 책은 그것으로 마무리 지어야 했죠. 그는 손에 들고 있던 책을 덮어 침대 머리맡 탁자 위에 올려 놓고는, 침대 왼편에 누운 아내에게로 몸을 돌렸습니다. 곧 시작될, 아내와의 그 익숙한 실랑이를 그는 이미 예감하고 있었습니다.

마리는 팔짱을 낀 채 폭신한 거위 털 베개에 몸을 편안히 기대고는, 남편을 가만히 응시했어요.

"어서 말해 봐요."

그가 아내에게 눈짓하며 말했습니다.

"있잖아요, 사실은…."

그녀는 마치 은밀한 이야기라도 건네려는 듯 그에게 조금 더 가까이 다가앉으며 속삭였지요.

"나도 한때는 정말 평범한 삶을 살았어요. 꽤 괜찮은 사람이었고요, 무슨 말인지 알겠어요?"

"알겠소."

고틀립이 대답했습니다.

"그러다가 대체 무슨 일이 있었던 거요?"

"정말 끔찍한 일이었죠."

그녀가 사뭇 진지한 목소리로 말했어요.

"그랬을 것 같구려."

"뭘 안다는 거예요? 아직 무슨 일이 있었는지 제대로 말도 꺼내지 않았는데!"

고틀립은 그만 웃음을 터뜨렸지요.

"미안하오, 미안해."

그는 금세 진지한 표정을 되찾으며 아내의 말장난에 기꺼이 어울려 주기로 했습니다.

"어서 말해 보시오, 대체 그렇게나 끔찍한 무슨 일이 있었던 거요?"

"그러니까…."

그녀는 헛기침으로 목청을 가다듬고는 말했습니다.

"내가 글쎄, 위험천만한 혁명가랑 결혼해 버렸지 뭐예요."

고틀립은 두 눈을 동그랗게 떴습니다.

"여보, 지금 사람들이 나를 두고 그렇게들 부른다는 말이오?"

"그래도 '사악한 자코뱅'이라는 흉흉한 별명보다는 확실

히 낫죠. 지난주까지만 해도 당신 이름이 그거였던 것 같은데, 아닌가? 아, 아니면 그 전 주였나? 맞다, 바로 지난 일요일까지 당신은 '음흉하고 속을 알 수 없는 민주주의자'였잖아요."

고틀립은 푸념 섞인 한숨을 내쉬고는 아내의 어깨에 살며시 머리를 기댔습니다.

"그들은 아무것도 이해하지 못하고 있소."

"아니요, 내 생각엔 그들이야말로 모든 걸 정확히 꿰뚫어 보고 있는 것 같아요."

그녀가 그를 부드럽게 껴안으며 대답했어요.

"당신이 언제나 진실만을 말하는 사람이라는 걸 그들도 알고 있고, 바로 그래서 어떻게든 당신을 제거하려고 하는 거겠죠."

"하지만 대체 왜 그런단 말이오? 진실이야말로 이 세상에 가장 절실하게 필요한 유일한 것인데."

"나도 다이어트가 절실하지만, 정작 하고 싶지는 않거든요. 마찬가지로 그들도 진실이 필요하다는 건 알지만, 그것을 정면으로 마주하고 싶어 하지는 않는 거죠."

마리는 남편이 막 무슨 말을 꺼내려는지 눈치채고는, 재빨리 그의 입에 자신의 손을 갖다 대며 말을 막았습니다.

"네, 네, 물론 알죠. 나는 세상에서 가장 아름답고 다이어트 따위는 전혀 필요 없다는 거. 이건 그냥 예를 든 것뿐이

에요."

그녀는 손을 거두고 남편의 눈을 똑바로 바라보며 말했어요.

"당신은 이제 곧 예나 대학의 교수가 될 거예요, 고틀립. 그리고 그건 순전히 당신 책이 칸트 교수님 마음에 쏙 들었기 때문이고요. 자, 이제 솔직하게 말해 줄래요? 칸트 교수님은 대체 어떤 분이세요?"

"내가 그분을 아무리 존경한다고는 하지만…."

그가 잠시 머뭇거리며 말문을 열었습니다.

"어서 말해 봐요."

그녀가 그의 등을 떠밀 듯 재촉했어요.

"그분은 어찌나 따분한 노신사인지, 그분 강의를 딱 15분만 듣고 있노라면 그 어떤 지독한 불면증이라도 신기할 정도로 씻은 듯이 나을 것이오."

남편이 단숨에 말을 쏟아냈습니다.

마리는 웃음을 터뜨렸어요.

"바로 그거예요! 그리고 그들은 당신이 정확히 그분과 똑같기를 바라는 거고요. 안타깝게도…."

그녀는 침대 옆에 놓인 책상을 턱으로 가리키며 덧붙였어요.

"당신의 강의 노트는 조금도 따분하지가 않다는 게 문제죠. 바로 이것이 당신의 발목을 잡게 될 거예요."

그녀는 자리에서 일어나 종이 뭉치를 집어 들고는 다시 침대 위에 편안히 자세를 잡았습니다.

그들은 베개 더미 사이에 다리를 꼰 채 서로 마주 보고 앉아, 고틀립의 강의 노트들을 한 장 한 장 넘기기 시작했지요.

"당신 생각에는 내 강의를 듣는 사람들이 도무지 하품할 틈이 없어서 나를 미워하는 걸까요?"

그가 물었습니다.

순간, 마리의 얼굴에서 장난기가 사라졌어요. 그녀는 남편이 자신이 얼마나 위태로운 상황에 놓여 있는지를 분명히 깨닫기를 바랐습니다.

"사람들이 당신을 미워하는 건, 당신이 프랑스 혁명을 옹호하는 글들을 썼기 때문이에요. 잊지 말아요, 고틀립. 우리는 지금 군주국에 살고 있다고요. 그들은 당신의 또 다른 '실수'를 결코 용납하지 않을 거예요."

그는 고개를 가로저었습니다.

"문제는 그것보다 훨씬 복잡하오. 나는 폭동이나 유혈 사태를 옹호하는 것이 아니라, 오직 인간의 자유를 옹호하는 것뿐이오."

"나는 알아요."

마리는 남편의 손등 위에 자신의 손을 포갰습니다.

"하지만 그들은 모르죠."

"그렇다면 대체 왜 그들이 나에게 교수직을 제안한 것이오?"

"이미 말했잖아요. 당신의 책 중 하나가 칸트 교수님 마음에 들었기 때문이라고요. 그분 역시 자유에 대해 많은 이야기를 하지만…."

"하지만 그것은 전부 이론일 뿐, 실제적인 행동은 전혀 없지 않소."

그가 그녀의 말을 끊었어요.

"그들은 나를 시험해 보고, 내가 과연 그분과 같은 부류의 사람인지 확인하고 싶어 하는 것이오."

두 사람은 한동안 말없이 서로를 바라보았지요.

"마리…."

그가 마침내 침묵을 깼습니다.

"한 달도 채 남지 않았소. 나는 곧 우리를 진정으로 인간답게 만드는 것이 무엇인지에 대한 공개 강연을 시작할 것이오. 그리고 나는 거기서 자유에 대해 이야기할 작정이오. 만약 지금 사람들이 나를 '위험한 혁명가'라고 부른다면, 그 강연 이후에는 그들이 또 무슨 말을 하거나 어떤 행동을 할지 상상조차 할 수 없소. 솔직히 말하겠소. 나는 당신의 의견이 어떻든 간에 그 강연들을 할 것이오. 나는 반드시 그렇게 해야만 하오, 여보. 단지 한 가지만 확인하고 싶소. 당신은 나를 지지해 줄 수 있겠소?"

마리는 잠시 시간을 내어 남편의 얼굴을 찬찬히 뜯어보았습니다. 그를 처음 만났던 날로부터 마치 아득한 세월

이 흐른 것만 같았어요. 그때 그는 한 가정의 개인 교사였는데, 아이들의 교육 방식에 대해 부모에게 사사건건 직언을 하는 바람에 결국 일자리를 잃은 신세였지요. 그때도 그는 '단지 진실을 말했을 뿐인데' 해고당했다며 억울함을 토로했었습니다. 그가 그녀에게 청혼했을 때, 마리는 이 남자와 함께라면 앞으로 순탄치 않은 삶을 살게 될 것이라는 것을 이미 예감하고 있었어요.

"네."

그녀는 그때도 주저 없이 대답했지요.

"네."

그녀는 이번에도 망설임 없이 대답했습니다. 남편이 그녀를 가만히 끌어안았을 때, 그녀는 머지않아 온갖 골칫거리들이 닥쳐오리라는 것을 직감했습니다.

남편의 품에 안겨 있으면서, 마리는 불길한 예감에 휩싸였습니다. 오만함이 강인함의 증거로 여겨지고 선량한 마음을 가진 이들이 소외당하는 이 세상에서, 과연 고틀립 같은 사람에게 진정으로 한 번의 기회라도 주어질까요?

"당신도 잘 알고 있잖아요."

그녀가 그의 품에서 벗어나며 말했습니다.

"결국 당신만 힘들어질 거라는 걸요."

그는 말없이 고개를 끄덕였어요.

"그런데 대체 왜 그렇게까지 하려는 거예요?"

피히테

고틀립은 희미하게 미소 지었습니다. 그것은 마치 험난한 산 정상에 마침내 도달하여 장엄한 일출을 바라보며, 그 눈부신 아름다움에 취해 등반 과정에서 목숨을 잃을 뻔했던 아찔한 순간조차 까맣게 잊어버린 사람의 미소와 같았어요. 물론 고틀립의 경우, 그 등반은 아직 시작조차 하지 않은 상태였지요. 하지만 그는 오직 저 멀리 떠오를 새벽빛만을 생각할 수 있는, 그런 종류의 사람이었습니다.

"착하게 살면 결국 손해만 본다", "이 세상은 약삭빠르고 부패한 자들만이 성공한다"와 같은 말들을 우리 모두는 한 번쯤 들어보았을 것입니다. 우리보다 준비가 부족한 사람이 단지 인맥이 좋다는 이유만으로 우리가 간절히 원했던 자리를 차지하는 것을 보았고, 실력은 없으면서도 자신을 '그럴싸하게 포장하는' 재주 덕분에 좋은 평판을 얻는 동료를 보았으며, 당신이 그에게 슬쩍 귀띔해 주었던 아이디어를 마치 자신의 독창적인 생각인 양 떠벌리고 다니는 사람도 보았을 것입니다.

많은 경우, 사람들은 이런 세태를 현대 사회의 문제점으로 돌리며, 예전과 같은 진정한 가치들이 사라져 버렸다고 한탄합니다. 하지만 역사를 돌이켜 보면, 이미 기원전 1세기의 키케로조차도 당시 사회의 가치관이 무너지고

있다고 개탄했습니다. 그렇다면 우리는 정말 2천 년이 넘는 시간 동안 계속해서 타락하며 소중한 가치들을 잃어버리고만 있는 것일까요? 아니면, 어쩌면 해답은 전혀 다른 곳에 있는 것은 아닐까요?

우리가 도저히 마음 붙일 곳을 찾을 수 없는 것처럼 느껴지는 이 세상에서 깊은 무력감과 분노를 느낄 때, 우리는 과연 무엇을 할 수 있을까요? 바로 피히테가 그 실마리를 우리에게 제시해 줍니다. 왜냐하면 그 역시 우리와 똑같은 과정을 처절하게 겪어 냈기 때문입니다.

방패 아니면 목숨

> 그는 자신의 두 눈으로 세상을 보는 사람이라면 어디에서든 발견할 수 있는 한 가지 현상을 목격했다. 그것은 바로 자신의 높은 존엄성이나 내면에 간직된 불꽃을 전혀 의식하지 못한 채, 마치 먼지 속에 사슬로 묶인 짐승처럼 땅바닥에 납작 엎드려 살아가는 사람들이었다… 그는 그들이 어떻게 옳고 그름에 대한 모든 감각을 상실했는지, 그리고 어떻게 지혜라는 것을 고작 자신의 이익을 실현하는 능력과 동일시하고, 의무라는 것을 단지 쾌락을 충족시키는 행

위와 동일시하게 되었는지를 보았다. …그는 그들이 연구를 수행하면서 '이것이 과연 진실인가? 이것이 우리를 선하고 고귀하게 만드는가?' 하고 묻는 것을 듣지 못했다. 오히려 그들은 이렇게 물었다. '사람들이 이 말을 듣고 싶어 할까?' 그는 그들이 '인류는 이로써 무엇을 얻게 될 것인가?' 하고 묻는 것을 듣지 못했다. 그 대신 그들은 이렇게 물었다. '그래서 내가 얻는 것은 무엇인가?'*

이것이 바로 요한 고틀립 피히테가 예나 대학에서 가졌던 그의 첫 강의들 동안 학생들에게 했던 말이었습니다. 그는 학생들 역시 머지않아 그러한 세상 속으로 들어가게 될 것이라고 경고하기 위해 그렇게 말했습니다. 그렇다면, 대체 왜 다른 사람을 위해 헌신해야 할까요? 왜 관대함을 베풀어야 할까요? 부패한 사람들에게 자신의 최선을 다하려는 노력은 마치 돼지에게 진주를 던지는 것과 같지 않을까요?

이러한 질문들은 우리를 지치게 만들 수 있고, 피히테가 단언하듯이, 결국 루소처럼 생각하게 만들 수도 있습니다. 루소의 말에 따르면, 그는 매우 감수성이 예민한 사람이었고, 다른 사람들로부터 상처를 받았습니다. 그는

---

* 요한 고틀립 피히테, 『학자의 사명(La missione del dotto)』, 파브리, 밀라노 2004, 78쪽.

평생 동안 인간들의 왜소함과 비참함에 둘러싸여 있다고 느꼈습니다. 결국 그는 만약 사회가 그러한 세상을 만들어냈다면, 차라리 그 사회로부터 멀리 떨어져 있는 것이 더 낫다고 생각하게 되었습니다. 인간은 사회에서 멀리 떨어진 자연 속에서 살아야 한다는 것이었죠. 그의 생각을 형성한 것은 그의 이성이 아니었습니다. 그것은 바로 그의 고통이었습니다.

우리가 "다 때려치우고 몰디브에 가서 주스 가게나 차릴까 봐"와 같은 농담을 할 때마다, 우리는 바로 이 루소의 해결책에 유혹을 느끼는 것입니다. 단지 농담으로라도, 우리는 우리가 그토록 공들여 일해 온 모든 것을 버리고 지금의 우리 사회로부터 멀리 도망치고 싶다고 말하고 있는 셈이니까요. 우리는 떠나기를 꿈꿉니다, 바로 루소가 그랬던 것처럼 말입니다. 이런 식으로 우리는 더 이상 참을 수 없는 직장 동료들, 끊이지 않는 가족 갈등, 우리를 실망시키는 친구들, 그리고 우리가 도무지 속할 수 없는 것처럼 느껴지는 이 세상과 더 이상 씨름하지 않아도 될 테니까요.

심리학에서는 이러한 행동을 '회피(evitamento)'라고 부릅니다. 어떤 상황이 우리에게 부정적인 감정을 불러일으킬 때, 우리는 어떻게든 그 상황을 피하려고 애쓰는 것이죠. 간단히 말해, 우리는 도망치는 것입니다.

우리는 보통 도망치는 사람을 겁쟁이라고 생각하지만, 항상 그런 것은 아닙니다. 회피라는 심리적 메커니즘은 그 자체로 비난받아야 할 것이 아니라, 먼저 이해되어야 합니다. 만약 우리가 어떤 상황에서 도망치고 있는 자기 자신을 발견하고 스스로를 나쁘게 판단한다면, 우리는 단지 상황을 더욱 악화시킬 뿐입니다. 우리가 해야 할 일은, 우리가 왜 그토록 두려워했는지 그 이유를 이해하려고 노력하는 것입니다.

기원전 7세기 그리스에서, 파로스 섬의 시인 아르킬로코스는 전쟁을 미화하고 전투에서 자신의 용맹을 증명하기를 간절히 바랐던 사람들에게는 모욕처럼 들렸을 법한 시구들을 남겼습니다.

> 사이족 누군가가 내가 덤불 옆에 버려두고 온 방패를 들고 뽐내고 있겠지. 정말 멋진 무기였는데, 마지못해 버리고 왔네. 하지만 나는 내 목숨을 구했지. 방패 따위가 다 무슨 소용인가! 망할 테면 망하라고 해! 더 좋은 놈으로 새로 사면 그만인 것을.*

아르킬로코스는 아킬레우스처럼 영광을 위해 자신의

---

* 아르킬로코스, 『잃어버린 방패(Lo scudo perduto)』, Fr. 5 West, 저자 번역.

목숨을 바칠 것인지, 아니면 영광(방패로 상징되는)을 포기하고 자신의 목숨을 구할 것인지 선택해야 했습니다. 우리가 어떤 대의를 위해 모든 것을 희생할 각오가 되어 있을 때 우리는 아킬레우스와 같고, 잃을 것이 너무 많아 싸우지 않는 편이 낫다고 판단할 때 우리는 아르킬로코스와 같습니다. 자신의 목숨이 방패보다 더 중요하다고 생각했다는 이유만으로 우리가 아르킬로코스를 겁쟁이라고 단정 지을 수 있을까요? 그가 당당히 말했듯이, "더 좋은 놈으로 새로 사면 그만인 것을." 말이죠.

이것은 우리가 때로는 무의식적으로 회피라는 방어기제를 사용할 때 하는 생각과 정확히 일치합니다.

"루카는 왠지 나를 불편하게 만들어. 오늘 밤 파티에서 그와 도저히 이야기할 수 없을 것 같아. 그냥 다른 사람하고 이야기해야겠다."

방패는 버려졌고, 부정적인 감정은 회피했습니다.

하지만 자세히 살펴보면, 아르킬로코스의 행동과 이 문장에서 묘사된 행동 사이에는 분명한 차이가 있습니다. 전자는 실제적인 위험에 의해 촉발된 것이지만, 후자는 우리 마음이 만들어 낸 상상 속의 위험에 의해 촉발된 것입니다. 우리가 회피라는 메커니즘을 작동시킬 때, 우리는 겁쟁이가 아니라 혼란스러워하는 것입니다. 우리는 눈앞의 위험이 실제라고 믿고, 불안감이 엄습해 오자 결국

피히테

도망치고 마는 것이죠. 그 순간에는 마치 위험에서 벗어난 것 같은 안도감을 느끼지만, 동시에 우리는 마치 다른 사람들보다 못한 존재인 것처럼 스스로를 비겁하다고 느끼게 됩니다. 바로 그 루카와 아무렇지도 않게 이야기할 수 있는 사람들보다 말입니다.

이것은 바로 회피 행동의 뿌리에 자기 자신과 타인에 대한 신뢰 부족이 놓여 있기 때문에 일어나는 현상입니다. 만약 우리가 루카와 대화하는 것을 피한다면, 그것은 우리가 그 상황을 능숙하게 헤쳐 나갈 수 있다는 우리 자신의 능력도, 루카가 우리를 편안하게 해 줄 것이라는 그의 능력도 믿지 못하기 때문입니다. 그리고 우리가 농담 삼아 "다 때려치우고 몰디브에 가서 주스 가게나 차릴까 봐" 하고 말할 때, 우리는 단지 장난으로라도 우리 사회와 그 사회를 조금이라도 변화시킬 수 있는 가능성에 대한 믿음이 없음을 인정하는 셈입니다. 그러니 유일한 길은 떠나는 것뿐이라고 생각하게 되는 것이죠.

피히테에 따르면, 이것이 바로 루소가 선택했던 길입니다. 그리고 그것은 잘못된 길이었습니다.

루소가 과거로 돌아가는 것에 대해 이야기하는 동안, 피히테는 단호하게 앞으로 나아가야 한다고 주장했습니다. 그는 인간이 이상에 의해 인도되고 이기심에 물들지

않았던, 그래서 이제는 영원히 지나가 버린 황금시대 같은 것은 결코 존재한 적이 없다고 생각했습니다. 그에게 이러한 믿음은 고대 문명으로부터 우리에게 잘못 전해 내려온 오류에 불과했습니다. 심지어 그리스인들조차 황금시대는 이미 끝난 시대라고 믿었지만, 사실 그것은 우리가 아직 쟁취해야 할 미래의 시간입니다. 만약 우리가 어려운 시기를 살아가고 있다면, 그것은 인류가 타락하고 있기 때문이 아니라, 아직 충분히 진화하지 못했기 때문입니다.

그렇다고 해서 우리가 인류의 발전을 그저 가만히 앉아 감탄만 하고 있어도 된다는 의미는 아닙니다. 또한 매 걸음마다 우리가 더 나아지고 행복해질 것이라는 의미도 아닙니다.

인류는 오직 헌신적인 노력과 고된 노동을 통해서만 이 이상적인 상태에 가까워질 수 있고 또 그렇게 해야만 합니다… 그 이전 상태에서 단순히 벗어나기 위해서 내딛는 첫걸음은 오히려 우리를 비참함과 고통 속으로 이끌 뿐입니다. 그리고 그는 이렇게 덧붙입니다. 당신 자신이 더 고귀하고 선량할수록, 당신을 기다리는 경험들은 더욱 고통스러울 것이라고 말입니다.

1794년 5월 30일, 예나.

대학의 대강의실은 학생들로 가득 차 발 디딜 틈이 없었습니다. 어떤 학생들은 바닥에 앉아 있었고, 어떤 학생들은 서 있었으며, 또 어떤 학생들은 복도나 안뜰에서 귀를 쫑긋 세우고 동료들에게 조용히 해 달라고 부탁하며 강의를 듣는 것에 만족해야 했습니다. 피히테 교수는 그의 두 번째 강의를 진행하고 있었습니다.

> 인간의 본능은 우리 외부에서 자유롭고 이성적인 존재를 찾고, 그들과 공동체를 이루고자 하는 경향이 있습니다. 그것은 물질세계에서 일어나는 것과 같은 종속 관계를 지향하는 것이 아니라, 오히려 협력 관계를 지향합니다. 반면에 한 사람이 다른 사람을 지배하려 할 때, 그는 상대방을 이성적인 존재로 대하는 것이 아닙니다. 그는 상대방을 단지 다른 동물들보다 조금 더 교활한 동물 정도로 취급할 뿐입니다. 우리는 우리가 자유로운 존재로 태어났다는 사실을 아직 제대로 깨닫지 못하고 있습니다. 우리는 서로를 마치 노예처럼 대하고 있으며, 심지어 스스로 그런 상태에 머무르기를 원하는 것처럼 보입니다.*

---

* 요한 고틀립 피히테, 『학자의 사명(La missione del dotto)』, 전게서, 32쪽.

"자유, 평등, 박애라!"

40대쯤 되어 보이는 한 교수가 피히테의 어조를 흉내 내며 비꼬듯 중얼거렸습니다. 그는 자신의 옆에 앉은, 단정하게 손질된 흰 수염을 기른 나이 지긋한 동료에게만 들릴 정도로 조심스럽게 말했습니다. 그들은 '위험한 혁명가'가 실제로 어떤 모습으로 활동하는지 관찰하기 위해 강의실 뒤편에 자리를 잡고 있었습니다.

"참으로 아름다운 이상들이 아닌가. 모든 것이 너무나 시적이군."

"정말로 그렇다네."

나이 든 교수가 대답했습니다.

"그리고 바로 그것이 우리를 파멸시킬 걸세."

"우리를 파멸시킨다고?"

"젊은이들을 보게나."

동료가 나지막이 속삭였습니다.

"그들은 마치 소녀가 왕자를 바라보듯 그를 쳐다보고 있네. 그는 그들이 듣고 싶어 하는 말을 하고 있지. '여러분은 자유롭습니다, 여러분은 중요합니다, 여러분은 세상을 바꿀 수 있습니다.' 그는 그들을 매료시키고, 설득하고 있네."

학생들의 우레와 같은 박수 소리에 그들의 대화는 중단되었습니다. 강의가 끝난 것이었습니다. 그들은 몇 번의

의례적인 미소를 주고받은 뒤, 옮겨지는 의자 소리와 열광적인 학생들의 찬사 속에 묻혀 다시 대화를 이어 갔습니다.

"그가 프랑스 혁명을 옹호하는 글들을 읽어 보았나?"

나이 든 교수가 말을 계속했습니다.

"그가 혁명을 옹호할지는 모르겠지만, 확실한 것은 프로이센 왕국 치하에서는 결코 혁명을 일으킬 수 없을 걸세."

"그는 아직 아니지. 하지만 그에게 5년과 수백 명의 학생들을 더 주게나. 그러면 알게 될 걸세. 다음 로베스피에르(프랑스 혁명을 주도한 정치인)는 바로 피히테의 강의실에서 나올 테니."

"나는 자네가 과장한다고 생각하네."

더 젊은 교수가 반박했습니다.

"이런 가짜 혁명가들은 금방 잠잠해지기 마련일세. 사회적으로 내세울 만한 지위가 없을 때는 변화의 바람을 부르짖지. 뭔가 얻을 것이 있다고 생각하기 때문이야. 그러다가 그들에게 관리직이나 대학 교수 자리라도 하나 던져 주면, 갑자기 마른 나뭇잎 하나라도 날아갈까 봐 온갖 바람의 숨결마저 두려워하게 된다네."

"때로는 그렇게 돌아가지."

나이든 교수가 인정했습니다.

"하지만 다른 때에는 그렇지 않아. 우리는 위험을 감수

할 수 없네."

그의 동료는 걸음을 멈추고 그의 눈을 똑바로 쳐다보았습니다.

"무슨 계획이라도 있는 겐가?"

"대공국의 관리와 이야기를 나눠 볼 작정일세. 나는 걱정이 태산 같아. 피히테가 오늘 강의에서 공개적으로, 이삼십 년 안에는 이 땅 어디에도 왕이나 군주 따위는 더 이상 존재하지 않을 거라고 말했기 때문일세. 내게는 그가 명백히 군주제에 대한 반란을 선동하려는 의도를 가진 것처럼 보이는군."

"하지만 그는 결코 그런 말을 한 적이 없네."

"내 귀에는 분명히 그렇게 들렸네만."

젊은 동료는 상황을 파악했습니다. 그가 막 입을 열려 할 때, 나이든 교수가 그의 말을 가로막았습니다.

"이 불쌍한 학생들이 만약 그가 자신들의 순수한 열정을 자신의 불순한 목적을 위해 이용하고 있다는 사실을 알게 된다면, 과연 어떤 심정일까. 아마 그를 증오하게 되겠지, 안 그런가?"

아무 대답도 없었습니다. 그는 자신의 노트들을 챙기고 있는 피히테를 그저 바라보고 있었습니다. 한 인간이 다른 인간의 운명을 좌지우지하는 것이 얼마나 쉬운 일인지, 그는 생각했습니다.

모든 주인은 노예다

우리가 "다 때려치우고 몰디브에나 가서 주스 가게나 차릴까 봐" 하고 푸념하는 이유 중 하나는, 우리 사회가 마치 단 하나의 목표, 즉 '권력'만을 향해 달려가는 것처럼 보이기 때문입니다. 우리는 모든 것이 결국 이 권력 문제로 귀결되는 듯한 현실에 질식할 것 같고, 때로는 메스꺼움까지 느낍니다.

어떤 사람들은 노골적으로 "세상에서 중요한 건 돈밖에 없어" 하고 선언하며, 마치 세상 돌아가는 이치를 통달이라도 한 것처럼 자신의 그런 냉소적인 태도를 자랑스러워합니다. 그것도 모자라, 그들은 악의적으로 "모든 인간에게는 각자의 가격표가 붙어 있다"고 주장하며, 우리 마음속에도 아주 교묘한 의심의 씨앗을 뿌립니다. 어쩌면 일정한 액수(예를 들어, 평생 동안 월세와 생활비를 걱정하지 않아도 될 만큼 충분한 돈)만 주어진다면, 우리 역시 누군가에게 '구매'될 수 있는 존재가 아닐까 하는 의심 말입니다. 다른 말로 하면, 그들은 돈으로 권력을 살 수 있고, 그렇게 함으로써 다른 인간들의 주인이 될 수 있다고 믿는 것입니다.

물론 이러한 사람들이 묘사하는 것은 세상 그 자체가 아니라, 단지 세상을 바라보는 그들 자신만의 왜곡된 방식일 뿐입니다. 그리고 물론, 모든 사람에게 가격표가 붙

이 있는 것은 결코 아닙니다. 하지만 그렇다고 해서 이러한 생각들이 우리 마음에 강력한 매력을 발휘할 수 있다는 사실 자체를 부인할 수는 없습니다.

우리는 이 위험한 매력의 근원과 한계가 무엇인지 이해하려고 노력해야 합니다.

제2차 세계대전이라는 미증유의 충격은, 대체 어떻게 독재자들이 그토록 엄청난 권력을 손에 쥘 수 있었는지에 대한 타당한 설명을 찾으려는 심리학 분야의 수많은 연구들을 촉발시켰습니다. 이미 1940년대 전반에 이루어졌던 초기 연구들 중에는 아도르노(Adorno)의 연구가 있는데, 그는 권위에 수동적으로 복종하는 경향이 있는 사람들의 성격 유형을 분석했습니다. 그 결과, 그러한 성격은 대개 유약하고 창의성이 부족한 자아, 어린 시절부터 지배와 복종이라는 왜곡된 논리에 순응하도록 길들여진 자아의 특징을 보였습니다.

그로부터 20여 년이 지난 후, 매클렐런드(McClelland)는 한 걸음 더 나아갔습니다. 그는 단지 독재 정권에 부역했던 사람들의 특성을 연구하는 데 그치지 않고, 우리 마음 깊은 곳에서는, 비록 아주 미미한 수준일지라도, 우리 각자가 어느 정도 권력을 갈망하는 것은 아닌지 자문했습니다. 그리고 그는 그것이 권력에 대한 직접적인 욕망이라기보다는, 오히려 '무력함에 대한 두려움'에 가깝다는 사

실을 발견했습니다. 우리는 사건의 흐름에 속수무책으로 내맡겨지는 그 끔찍한 느낌을 피하기 위해, 어떻게든 우리가 처한 상황에 대한 통제력을 행사하려고 애쓰는 것입니다.

이러한 경향은 어른이 되어서만 나타나는 것이 아니라, 이미 어린 시절부터 시작됩니다. 아기들은 부모가 보내는 미묘한 신호들을 이해하고 그에 맞춰 반응하려고 끊임없이 노력합니다. 예를 들어, 만약 어린아이가 엄마가 기분이 좋지 않을 때 팔짱을 끼는 경향이 있다는 것을 알아차린다면, 아마도 엄마의 팔 한쪽을 잡아당기려 할 것입니다. 아이의 미숙한 마음속에서는, 엄마의 자세를 바꾸게 하는 것이 곧 엄마의 기분을 바꿀 수 있다는 생각으로 이어질 수 있습니다. 이처럼 순진무구해 보이는 행동조차도, 어떤 수준에서는 다른 사람에게 영향을 미치려는 시도이며, 따라서 권력을 행사하려는 시도라고 볼 수 있습니다.

우리는 흔히 권력을 사람들을 가르는 어떤 경계선처럼 인식하는 경향이 있습니다. 한쪽에는 권력을 가진 자들이 있고, 다른 한쪽에는 그것을 감내해야 하는 자들이 있다고 생각하는 것이죠. 하지만 매클렐런드를 필두로 한 일련의 연구들은, 권력이란 사람들을 '가르는' 선이 아니라

오히려 모든 사람들을 '관통하는' 선이라는 것을 보여 줍니다. 그것은 저 순진한 아기에게서 시작하여, 한 나라 전체를 통제하는 독재자에게까지 이어집니다. 그리고 그 사이 어딘가에, 우리 모두가 각자 자신이 필요하다고 느끼는 권력의 양에 따라 어느 한쪽 극점에 더 가깝게 위치하고 있는 것입니다.

그렇다면 우리가 권력이라는 스펙트럼의 더 높은 극점으로 이동하면 어떻게 될까요? 권력을 인생의 유일한 목표로 삼는 사람들이 생각하는 것처럼, 우리는 과연 더 행복하고 만족스러워질까요? 안타깝게도 현실은 그렇지 않습니다. 오히려 우리는 종종 심각한 심리적 대가를 치르게 됩니다. 사회 내에서 높은 수준의 권력을 얻으려고 노력하는 것은 그 자체로 위험을 감수하는 행위입니다. 그 결과 중에는 힘들게 얻은 사회적 지위를 잃을까 봐 전전긍긍하는 불안감, 아첨에 쉽게 넘어가는 취약성, 상황 변화에 유연하게 대처하는 능력의 상실, 그리고 타인에 대한 공감 능력의 저하 등이 있습니다. 또한 다른 사람들을 통제하려는 경향이 그들과 의미 있는 관계를 맺는 것을 방해하기 때문에, 대인 관계에서도 심각한 문제를 겪을 위험이 있습니다.

상황을 이러한 관점에서 바라보면, 왜 독재자들에게 권력이 그토록 중요한 유일한 것인지 이해하기 어렵지 않습

니다. 그것은 바로 그들에게 남은 유일한 것이기 때문입니다.

권력을 삶의 최우선 순위에 두는 사람들은 사회적 관계를 가장 약한 자부터 가장 강한 자까지 이어지는 일종의 위계질서로 간주하며, 그 사다리를 한 단계라도 더 올라가기 위해서라면 자신보다 위에 있는 사람들에게 기꺼이 아첨도 마다하지 않습니다. 그들은 세상이 어떻게 돌아가는지 다 안다고 자랑하지만, 진실은 그들이 단지 세상이 그들 자신의 머릿속에서 돌아가는 방식대로 작동한다고 착각하고 있을 뿐이라는 것입니다. 피히테가 뛰어난 심리적 통찰력으로 간파했듯이 말입니다.

> 다른 사람의 주인이라고 자처하는 자는, 그 자신이야말로 노예이다. 설령 그가 항상 실제로 노예인 것은 아닐지라도, 그는 확실히 노예 근성을 지니고 있으며, 자신을 지배하는 제일로 강한 자 앞에서는 비굴하게 기어 다닐 것이다.*

하지만 만약 권력을 갈망하는 사람이 노예라면, 자유로운 사람은 무엇을 갈망할까요?

---

* 요한 고틀립 피히테, 『학자의 사명(La missione del dotto)』, 전게서, 32쪽.

1799년 3월 29일.

"내 대답은 '아니요'요, 마리."

고틀립이 말했습니다.

"대공국 관리가 나에 대해 쓴 보고서를 낚아채서, 그걸 공처럼 구겨 그의 입에 억지로 쑤셔 넣어 삼키게 만들자는 당신의 생각은, 솔직히 말해서, 썩 좋은 생각 같지는 않소."

마리는 침실 안을 불안하게 서성거렸습니다. 도저히 가만히 있을 수가 없었죠.

"그들이 당신을 강제로 사임시켰어요! 강제로요! 그런데도 예나 대학의 그 빌어먹을 교수들 중 누구 하나 막으려고 하지 않았잖아요!"

고틀립은 한숨을 내쉬었습니다.

"그들도 자기들 자리가 위태로워지는 건 원치 않았을 것이오."

마리는 두 손으로 얼굴을 감싸 쥐며 애써 격앙된 감정을 억눌렀습니다.

"칸트 교수님은 뭐라고 하시던가요?"

그녀의 남편은 허탈하게 웃었습니다.

"방금 나에 대한 공개적인 반박 성명을 발표했소. 내 철학은 도저히 지지할 수 없는 것이라고 하더군."

마리는 웃지 않았습니다.

"그럼 괴테는요? 5년 전에는 그토록 당신의 교수직 임

명을 위해 애쓰지 않았습니까."

"이제는 셸링에게 그 자리를 주려고 애쓰고 있소."

그가 어깨를 으쓱하며 대답했습니다.

"늘 그렇듯이, 그 일에 대해 무슨 시 비슷한 것까지 써 붙였더군. '별 하나 지고, 다른 별 하나 떠오르네'라나. 누가 지는 별인지는 안 봐도 뻔하지 않소."

"제가 다른 걸 한번 맞혀 볼까요?"

그녀가 쏘아붙이듯 말했습니다.

"어디 보자, 이 셸링이라는 자는 분명 군주제를 지지하고 매주 일요일 꼬박꼬박 교회에 나가는 그런 부류겠죠, 맞죠?"

"그가 쓴 글들을 보면, 아마 그럴 것이오."

"그럴 줄 알았어요."

마리는 다시 일어나 방 안을 서성거리기 시작했습니다.

"그들이 원하는 건 진정한 교수가 아니에요. 자기들 입맛에 맞는 말만 앵무새처럼 되풀이할 꼭두각시를 원하는 거죠."

고틀립은 미간을 찌푸렸습니다.

"여보, 제발 잠시만 진정하시오. 마치 새장 속에 갇힌 호랑이 같구려."

"새장 속의 호랑이는 바로 당신이에요!"

그녀가 버럭 소리쳤습니다.

"어떻게 그걸 모를 수가 있어요? 그들이 당신이 평생 쌓

아 올린 모든 것을 망가뜨리고 있다는 걸 정녕 모르겠냐고요? 당신은 저… 괴테 같은 부유한 명문가 자제가 아니잖아요! 당신은 아무것도 없는 맨주먹으로 시작했어요. 가정교사에서 시작해서 철학자가 되었고, 그다음에는 교수가 되었죠. 그런데 그들은, 그 멍청한 셸링인지 뭔지를 내세워서, 이 세상 누구보다도, 그 누구보다도 당신이 마땅히 누려야 할 모든 것을 빼앗아 가려 하고 있잖아요!"

고틀립은 그녀의 두 손을 잡았습니다.

"나도 항의하려 애썼지만, 아무 소용이 없었소."

"진정하고 내 말을 좀 들어 보시오, 제발." 그녀는 못마땅한 듯 하늘을 향해 눈을 굴렸지만, 입은 다물었습니다.

"내가 말했듯이, 나의 항의는 아무 소용이 없었소. 더 이상 나아갈 생각도 없소. 왜냐하면 내 삶의 목표가 대학 교수 자리를 차지하는 것은 아니기 때문이오. 내 진정한 목표가 무엇인지 기억하시오? 5년 전, 내 첫 강의들에서 그것에 대해 이야기 했었지 않소. 나는 내가 무엇을 하려는지 분명히 밝혔소. 예나에서 가장 큰 강의실조차 다 수용할 수 없을 만큼 많은 학생들이 모인 그 자리에서 말했었고, 이제 내 말을 기꺼이 들어줄 유일한 사람이 당신뿐인 지금, 다시 한번 반복하겠소."

"다시 말할 필요 없어요. 똑똑히 기억하고 있으니까요."

고틀립은 고개를 저었습니다.

피히테

"아니, 마리. 만약 당신이 그들이 내게서 교수직을 빼앗았다는 이유로 그렇게 화를 낸다면, 그것은 당신이 내가 진정으로 원하는 것이 무엇인지 기억하지 못한다는 뜻이오."

"나는 진리의 봉사자이다."

그녀가 그의 말을 정확히 인용하며 나지막이 읊조렸습니다. 고틀립이 그 강의들을 글로 옮긴 이후로, 그녀는 그것들을 수십 번도 더 읽었습니다.

"나는 그 이름으로 무엇이든 행하고, 감히 행하며, 고통받을 것을 맹세했다.'"*

고틀립은 아무 말 없이 미소 지었습니다.

"알았어요."

마리가 결국 체념한 듯 말했습니다.

"당신은 원했다면 교수직을 지킬 수도 있었겠죠. 하지만 대신 진실을 말하기를 선택했어요. 그들의 선택이 아니라, 당신의 선택이었던 거죠."

"이제야 정말 당신답구려."

마리는 한숨을 내쉬었습니다.

"이제 뭘 할 작정이에요?"

"공부하고, 연구해야지. 그리고 나처럼 진리를 찾는 사람들을 위해 계속해서 강의를 할 것이오."

"하지만 어디서요? 대학에서 해고당했잖아요."

---

* 요한 고틀립 피히테, 『학자의 사명(La missione del dotto)』, 전게서, 71쪽.

고틀립은 고개를 갸웃거렸습니다.

"교수직은 더 이상 없지만, 아직 내겐 집이 있소. 여기서 강의를 계속할 것이오."

"그럼 저를 첫 번째 제자로 받아 주시겠어요?"

마리가 등을 꼿꼿이 폈습니다.

"자, 피히테 선생님, 우리가 함께 싸워 나갈 가치가 있는 진리란 대체 무엇인가요?"

"그것은 참으로 방대한 이야기라오, 아가씨. 하지만 우선, 모든 인간을 하나로 묶는 저 신성한 유대감에서부터 시작할 수 있을 것 같소."

'인간은 이기적이고, 각자 자기 배만 채우려 한다.'

이것 또한 세상이 점점 타락하고 있다고 믿는 사람들이 흔히 하는 말입니다. 오늘날 모든 인간을 하나로 묶는 신성한 유대감에 대해 이야기하는 것은 시대에 뒤떨어진 소리, 즉 좋았던 옛 시절의 유물, 한때는 소중한 가치였지만 이제는 공허한 말뿐인 것, 과거의 위대함이 남긴 폐허처럼 들릴지도 모릅니다.

하지만 우리는 피히테가 이 말을 했던 역사적 맥락을 기억해야 합니다. 프랑스 혁명은 폭력으로 변질되었고, 유럽의 군주국들은 자신들의 체제가 위협받을까 두려워했으며, 검열은 조금이라도 혁명적인 분위기를 풍기는 용

어를 사용하는 모든 사람에게 가혹하게 작용했습니다. 피히테의 학생들이 '진리를 탐구하고 전파한다'는 목적을 가진 단체를 만들었을 때, 교수들은 '전파한다'는 단어가 너무 전복적이라고 간주하여 삭제해 버렸을 정도였습니다.

피히테 자신도 여러 차례 중상모략을 당했고, 사회가 이익 추구에 혈안이 된 자기중심적인 사람들로 가득 차 있으며, 그들이 거짓말이 더 편리하기 때문에 진실을 부정한다고 공개적으로 인정하기도 했습니다.

피히테가 인간을 언제나 그리고 영원히 하나로 묶을 수 있는 신성한 유대감에 대해 이야기했던 것은, 도덕적으로 숭고한 사람들 사이의 평화로운 담론의 장이 아니라 바로 이러한 혼란스러운 환경 속에서였습니다. 오늘날 심리학은 이 유대감이 실제로 존재할 뿐만 아니라, 인간 관계의 근간을 이룬다는 사실을 우리에게 보여 주고 있습니다.

이기심은
이타주의의 출발점이다

바로 우리가 자기 자신을 먼저 생각한다는 사실이야말로, 역설적이게도 우리로 하여금 다른 사람들을 생각하게 만드는 원동력이 됩니다. 수천 년 전, 무리를 지어 함께

움직이고 서로를 보호하는 것은 맹수들의 공격으로부터 살아남을 가능성을 높여 주었습니다. 함께한다는 것은 진화론적인 관점에서 볼 때 너무나 유리한 생존 전략이었기에, 오늘날에도 우리 유전자 속에는 다른 사람들과 유대감을 형성하도록 하는 기제가 각인되어 있습니다.*

물론, 만약 이것만이 우리를 함께하도록 이끄는 전부라면, 인간관계란 참으로 보잘것없는 것이 되고 말 것입니다. 우리의 감정은 의심할 여지 없이 그보다 훨씬 더 고양된 것이지만, 한 가지 기억해야 할 중요한 점이 있습니다. 벽돌을 하나하나 쌓아 올려 탑을 세우는 것과, 그저 허공에다 모래성을 쌓는 것 사이에는 분명한 차이가 있다는 사실을 말입니다. 우리의 이기심은 종종 견고한 탑의 기초가 됩니다. 즉, 먼저 우리 자신을 생각하는 것이야말로 우리에게 해를 끼치지 않을 사람들과 건강한 관계를 맺도록 이끌어 주는 것입니다.

티보(Thibaut)와 켈리(Kelley)의 '상호의존성 이론**' 덕분에, 우리는 바로 이 탑의 가장 기초적인 부분에서부터 이야기를 시작할 수 있습니다. 학자들에 따르면, 우리가 어떤 사람과 관계를 맺기 시작할 때, 우리는 가장 먼저 그 관계에

---

* 루이스 배럿, 로빈 던바, 존 라이셋, 『인간 진화 심리학(Human Evolutionary Psychology)』, 프린스턴 대학 출판부, 프린스턴 (NJ) 2002.

** 존 W. 티보, 해롤드 H. 켈리, 『집단의 사회 심리학(The Social Psychology of Groups)』, 트랜잭션 출판사, 뉴 브런즈윅 (NJ) 1959.

대한 '기대'와 가능한 '대안'들을 고려합니다. 기대는 우리의 과거 경험으로부터 비롯되고, 반면에 대안은 현재 상황과 관련됩니다.

예를 들어 봅시다. 앨리스는 과거에 만났던 남자친구들이 모두 유머 감각이 없었기 때문에, 마테오와의 첫 데이트에서 별다른 재미를 기대하지 않습니다. 하지만 저녁 식사 자리에서 마테오는 그녀를 웃게 만들고, 앨리스의 기대는 보기 좋게 깨집니다. 이것은 그녀로 하여금 두 번째 데이트를 신청하게 만듭니다. 다른 한편으로, 그녀에게 호감을 보이는 또 다른 남자인 클라우디오는 전혀 재미있는 사람이 아닙니다. 마테오가 더 나은 대안이므로, 앨리스는 계속해서 그와 만남을 이어 갑니다.

일단 관계가 시작되면, '손익 계산'이 작용하기 시작합니다. 앨리스는 관계에 많은 노력을 투자하고(비용), 자신의 노력이 과연 보상받고 있는지(편익) 자문합니다. 물론, 마테오도 똑같이 생각합니다.

우리는 마치 차가운 수학적 계산처럼 보이는 것 앞에 서 있는 듯하지만, 이것이 미래가 불확실한 관계에 너무 많은 것을 투자하는 것으로부터 우리 자신을 보호하는 데 도움이 된다는 점을 기억해야 합니다. 초기 단계를 지나고 나면, 상대방에 대한 신뢰가 쌓였기 때문에 우리가 받는 만큼 정확히 되돌려주어야 한다는 생각에 그렇게까지

엄격해지지는 않습니다. 이제 기초가 놓였고, 우리의 관계라는 탑은 느리지만 꾸준히 높아지기 시작할 수 있습니다.

관계가 더욱 깊어지기 시작하면, 주라드(Jourard)가 '자기 노출(svelamento di sé)'이라고 불렀던 현상이 나타납니다.* 우리는 조금씩, 우리가 선택한 사람에게 다른 모든 사람에게는 쉽게 보여 주지 않는 우리 자신의 내밀한 부분들을 드러내기 시작합니다. 그것은 마치 섬세한 춤과 같습니다. 우리가 한 걸음을 내디디면, 상대방도 자신에 대해 무언가를 드러내며 똑같이 한 걸음 다가오기를 기다리는 것이죠.

자신을 드러낼 때 약간의 불안감을 느끼는 것은 지극히 정상적인 일입니다. 어떤 사람들은 상대방이 자신의 부정적인 면을 보고 멀어질까 봐 두려워서 마음을 열기 어려워하기도 합니다. 버려지는 것을 두려워하는 사람에게는 이 노출의 춤이 더욱 느리고 조심스럽게 진행될 수밖에 없습니다. 하지만 이 춤의 진정한 경이로움은, 그것이 사랑을 더욱 키워나간다는 사실에 있습니다. 연인 관계에서든 친구 관계에서든, 솔직한 비밀 공유는 양측 모두의 관계에 대한 몰입도와 신뢰를 높여 줍니다. 그것은 우리가

---

* 시드니 M. 주라드, 『자기 노출과 타자-애착 형성 (Self-disclosure and other-cathexis)』, 『비정상 및 사회 심리학 저널(The Journal of Abnormal and Social Psychology)』, 1959, 59(3), 428쪽.

보호받고 사랑받는다고 느끼는, 더 이상 어떤 계산도 필요 없는 우리만의 사적인 세계를 구축하는 데 도움을 줍니다. 이제 상대방에게 그가 필요로 하는 것을 주는 행위는, 그가 관계에 우리만큼 헌신하는지 떠보기 위한 탐색전이 아니라, 지극히 자연스러운 행동이 됩니다.

이 시점에서, 우리가 이야기했던 관계라는 탑은 높고 견고하게 솟아오릅니다. 이제 우리는 피히테가 모든 인간을 하나로 묶는 신성한 유대감에 대해 이야기했을 때 그가 의미했던 바를 이해하는 데 아무런 문제도 없을 것입니다. 그것은 바로 이처럼 서로 주고받는 과정 그 자체인 것입니다. 명확히 하자면, 피히테는 자유로운 인간에 대해 이야기하는 것이지, 다른 사람의 주인이라고 자처하는 사람에 대해 이야기하는 것이 아닙니다. 오직 자유로운 인간만이 피히테가 설명하듯이 다음과 같은 특별한 능력을 가지고 있습니다.

> 그것은 사실 두 가지 측면을 지닌다. 즉, 주는 능력, 다시 말해 다른 사람들을 자유로운 존재로 인식하며 그들에게 영향을 미치는 능력과, 받는 성향, 즉 다른 사람들의 우리에 대한 행동으로부터 최대한의 이익을 얻어 내는 성향이다.*

---

* 요한 고틀립 피히테, 『학자의 사명(La missione del dotto)』, 전게서, 35쪽.

피히테가 '받는 성향'에 대해 이야기하는 것이 다소 이상하게 들릴 수도 있습니다. 보통 '받는 사람'은 그저 팔을 벌려 제공되는 것을 수동적으로 받아들이는 역할로 여겨지기 때문입니다. 하지만 실제로는, 받는 행위는 결코 수동적이지 않습니다. 우리가 "내가 혼자 할게" 또는 "괜찮아, 나 혼자 해결할 수 있어"와 같은 말들을 얼마나 자주 하는지 생각해 보면 충분합니다. 우리는 스스로에게 자율적인 사람이고 다른 사람들에게 폐를 끼치고 싶지 않아서 혼자 해결하는 것을 선호한다고 되뇌지만, 실제로는 그들에게 의존하게 될까 봐 두려워하기 때문인 경우가 훨씬 더 많습니다.

열여섯 살 소년 디에고는 식탁에서 다른 사람이 자기 잔에 물을 따라주는 것조차 받아들이지 못했습니다. 그의 치료사가 왜 그러냐고 묻자, 그는 이렇게 대답했습니다.

"세상에서 가장 두려운 건 제가 누군가에게 의존하고 있다는 사실을 깨닫는 거예요. 만약 친구가 제 잔에 물을 따라주면, 그 순간에는 보살핌을 받는 것 같아 좋지만 동시에 불안해져요. 왜냐하면 내일은 그 친구 없이 혼자 점심을 먹어야 할 테니까요. 제 빈 잔이 그의 부재를 상기시켜 줄 거라는 걸 이미 알고 있거든요. 반면에 제가 처음부터 아무에게도 의지하지 않는 것에 익숙해진다면, 어떤 상실감도 느끼지 않을 거예요."

치료 초기만 해도 디에고는 자신이 다른 사람의 호의를 받아들이지 못한다는 사실을 전혀 인지하지 못했습니다. 오히려 그 반대였죠. 그는 다른 사람들에게는 많은 것을 베풀지만 정작 자신은 아무것도 돌려받지 못한다고 불평했습니다. 그는 세상에 대한 깊은 불신을 품고 있었지만, 그 불신이 사실은 방어 기제였다는 것을 깨닫지 못했습니다. 다른 사람들이 자신에게 줄 것이 아무것도 없다고 생각하는 편이, 자신이 다른 사람의 호의를 받아들일 능력이 없다는 사실을 깨닫는 것보다 덜 고통스러웠기 때문입니다.

디에고는 누군가와 유대감을 느낀다는 것이 의존하는 것을 의미하는 것이 아니라, 서로 '상호의존'하는 관계임을 깨닫기까지 많은 노력을 기울여야 했습니다. 그는 이제 다른 사람들이 자신의 부재를 느끼는 것만큼 자신도 그들의 부재를 느낀다는 것을 이해하게 되었습니다.

"만약 당신이 나를 그리워하고 나도 당신을 그리워한다면, 어떤 의미에서는 우리가 항상 함께 있는 것과 같아요."

그는 이제 이렇게 말합니다.

다음번에 우리가 오늘날의 사람들이 너무 이기적이고 아무 가치도 없다고 생각하려는 유혹을 느낄 때, 우리는 디에고를 떠올리며 피히테가 우리에게 던졌을 법한 질문을 스스로에게 해 볼 수 있을 것입니다. 우리는 정말로

'받는 법'을 제대로 배웠다고 확신할 수 있을까요?

　1812년 1월, 베를린 대학.
　고틀립은 강의실에 들어서며 학생들에게 미소를 지었습니다. 학생은 고작 서른네 명뿐이었습니다. 그는 이미 이번이 자신의 마지막 강의가 될 것이라는 것을 예감하고 있었습니다. 예나에서 그랬던 것처럼, 곧 대학 측에서 그를 교수직에서 물러나도록 강요할 것이 분명했기 때문입니다. 마리는 그 소식을 의외로 담담하게 받아들였습니다. 물론, 학계 전체를 향해 백여 가지쯤 되는 독설을 퍼부은 후에 말입니다.
　고틀립은 목소리를 가다듬었습니다.
　"철학을 공부하는 것은 결코 강요가 되어서는 안 됩니다."
　그가 입을 열었습니다.
　"그것은 하나의 필요, 즉 진리를 알고자 하는 갈망이어야 합니다."
　그는 눈앞에 앉아 있는 젊은이들을 바라보았습니다. 자신이 알고 있는 모든 것, 자신이 힘겹게 쟁취한 진리의 모든 조각들을 그들에게 가르쳐야 한다는 책임감을 느꼈습니다. 어쩌면 그들 중 누군가는 철학자가 될 것이고, 또 다른 누군가는 의사나 다른 무엇이 될지도 모릅니다. 설령 그들이 제빵사가 된다 할지라도 중요하지 않았습니다.

모든 인간은 자유롭고 다른 모든 인간과 평등해야 했습니다. 결코 혼자가 아니라, 항상 그 신성한 유대로 자신의 동료들과 연결되어 있어야 했습니다.

고틀립은 마치 동화의 여러 부분을 하나로 잇는 붉은 실이 항상 존재하듯이, 이 세상의 거대한 이야기 속에서 모든 사람을 다른 사람과 연결하는 보이지 않는 실 또한 존재한다고 느꼈습니다. 그는 거의 20년 전 봄에 그랬던 것처럼, 바로 그 주제에 대해 이야기하고 싶었을 것입니다. 하지만 이제, 계획은 달라졌습니다. 그가 믿는 바를 논리적 추론과 논박할 수 없는 증거의 힘으로 증명해야 하는 과제가 놓여 있었습니다. 바로 이론 철학이었죠. 학생들에게는 덜 매력적일지 모르지만, 그럼에도 불구하고 충분히 교육적인 내용이 될 것이었습니다.

피히테는 속으로 미소 지었습니다. 어쩌면, 결국 자신도 칸트만큼이나 따분한 사람이 되어 버린 것인지도 모른다고 생각하면서요.

그가 설명하는 동안, 그는 모든 학생에게 똑같은 주의를 기울이려고 노력했습니다. 다른 학생들보다 더 강렬한 눈빛으로 자신을 응시하는, 영리해 보이는 푸른 눈의 한 소년에게만 집중하는 것을 피했습니다. 그는 그 소년 역시 언젠가 괴테의 주목을 받게 될 것이라는 사실도, 그 역

시 교수가 되어 기의 텅 빈 강의실에서 강의하게 될 것이라는 사실도 알지 못했습니다. 그 순간, 아르투르 쇼펜하우어 자신조차도 자신의 미래에 대해 아무것도 알 수 없었습니다.

두 사람 중 누구도 깨닫지 못한 채, 모든 인간을 다른 인간과 결속시키는 그 보이지 않는 실이 이미 그들을 단단히 묶어 놓고 있었습니다.

쇼펜하우어

1860년, 프랑크푸르트.

아르투르 쇼펜하우어가 세상을 떠난 지 몇 달이 채 지나지 않았을 때였습니다.

"그의 소위 '비밀의 책'을 없애 달라고 직접 내게 부탁한 것은 바로 아르투르 자신이었네. 그것은 그의 사생활에 대한 몇 가지 기록과 지극히 개인적인 생각들이 담긴, 서른 장 남짓한 낱장의 종이 묶음에 불과했지. 그 이상도 이하도 아니었어. 어쨌든, 그 하찮은 종잇조각들은 이제 모두 재가 되어 버렸으니, 다시는 복구할 수 없을 걸세."

빌헬름 그비너는 그렇게 쓴 진술서에 서명을 마치고 다시 한번 읽어 보았습니다. 이제 그의 앞에는 두 갈래 길이 놓여 있었습니다. 이대로 진술서를 보내고 도둑이자 거짓말쟁이가 되거나, 아니면 그것을 찢어 버리고 진실을 밝

힌 뒤 그 '비밀의 책'을 넘겨주거나.

두 번째 선택지는 아무리 생각해도 전혀 매력적이지 않았습니다. 옳은 일을 한다고 해서 돈이 생기는 것은 아니니까요.

쇼펜하우어의 비밀 책을 고이 간직했다가 그것을 바탕으로 그의 전기를 쓰는 편이, 훨씬 더 남는 장사임이 분명했습니다.

"사람들은 내가 그의 사생활에 대해 어찌 그리 자세히 아는지 궁금해하겠지. 그가 직접 내게 털어놓았다고 둘러댈 수도 있을 거야. 하지만 우리는 그렇게까지 막역한 사이는 아니었는데… 그걸 누가 알겠는가? 그의 친구들은 알겠지. 하지만 그들이 내가 거짓말을 하고 있다는 것을 증명해 내지는 못할 거야. 평생 그들이 밝혀낼까 봐 두려움에 떨며 살아가게 되겠지. 그래, 두려움과 함께, 그리고 아르투르 쇼펜하우어에 대한 독점적인 전기를 팔아서 벌어들일 엄청난 돈과 함께 말이야."

빌헬름은 깊은 숨을 들이쉬었습니다. 문제의 비밀 책은 바로 그의 눈앞, 책상 위에 놓여 있었지요. 그는 표지 위에 가만히 손을 얹고 눈을 감은 채, 책장들을 스르륵 넘기기 시작했습니다. 운명이 그를 올바른 페이지로 인도하여, 무심코 책을 펼쳤을 때 바로 그 한 문장이 자신에게 최선의 선택을 알려 주기를 간절히 바랐지요.

그는 손가락을 멈추고 눈을 감은 채 책을 펼쳤습니다. 다시 눈을 떴을 때, 그의 눈에 가장 먼저 들어온 문장은 다음과 같았지요.

> 여섯 살 때, 어느 날 저녁 부모님께서 산책에서 돌아오셨을 때, 나는 그분들이 갑자기 나를 영원히 버리고 떠났다고 상상했기 때문에 가장 어둡고 슬픈 절망 속에서 발견되었다.*

"자네는 언제나 사물을 명확하게 꿰뚫어 보았지, 아르투르."
빌헬름은 마치 쇼펜하우어가 들을 수라도 있는 것처럼 큰 소리로 중얼거렸습니다.
"하지만 자네가 어린 시절에 미래를 예견하는 능력까지 가지고 있었을 줄은 미처 몰랐네그려."
아마도 그날 저녁, 하인리히와 요한나는 어린 아들에게 결코 그를 혼자 두지 않을 것이라고 몇 번이고 다짐하며 안심시켰을 것입니다. 하지만 그로부터 여러 해가 지난 후, 서로 다른 시간에 서로 다른 방식으로, 그들은 둘 다 결국 그를 버리고 말았습니다.

---

* 아르투르 쇼펜하우어, 『자기 인식의 기술(L'arte di conoscere se stessi)』, 아델피, 밀라노 1973, 76쪽.

망망대해에 홀로

쇼펜하우어의 책들은 종종 세상과 어울리지 못하고 소외감을 느끼는 이들을 위해 쓰인 듯한 인상을 줍니다. 아르투르 자신도 평생 동안 고독과 씨름해야 했고, 바로 그 때문에 그의 철학은 우리가 다른 사람들과 다르다고 느끼거나, 고립되었다고 느끼거나, 아무도 나를 이해해 주지 못한다고, 혹은 더 심하게는 아무도 나를 이해하려 노력조차 하지 않는다고 느낄 때 우리에게 큰 위안을 줍니다.

그의 철학은 우리 자신을 깊이 들여다보게 하고, 삶의 모든 단계에서 고독이 미치는 영향을 탐색하도록 도와주지요.

하지만 명심해야 할 점이 있습니다. 이것은 마치 여름날 멋진 수영장의 다이빙대에서 시원하게 뛰어내리는 것과는 전혀 다르다는 사실입니다. 오히려 호화로운 크루즈 여행 중에 갑자기 망망대해로 내던져지는 것에 가깝습니다. 한순간 전까지는 안전하다고 느꼈지만, 다음 순간에는 다른 사람들이 유유히 배를 타고 멀어져 가는 것을 바라보며 홀로 광활한 바다 위에 남겨지는 것이지요. 쇼펜하우어는 우리에게 거친 파도를 사랑하는 법을 가르쳐 줄 수는 있겠지만, 아름다운 인어공주 이야기를 들려주지는 않습니다. 이 점을 분명히 인식했다면, 이제 닻을 올릴 준

비가 된 것입니다.

버려진 아이

빌헬름이 간직하고 있던 비밀 수첩의 한 조각에서, 쇼펜하우어는 부모님이 자신을 버릴지도 모른다는 강한 두려움을 느꼈던 어린 시절을 이야기합니다. 그 어린 소년이 어떤 생각들을 했을지, 어떤 신체적 감각들을 느꼈을지 한번 상상해 봅시다. 그런 상황에 놓인 아이를 생각하면 가슴이 미어지지만, 그럼에도 불구하고 우리는 노력해야 합니다. 왜냐하면 우리 스스로에게 중요한 질문을 던져야 하기 때문입니다. 우리 안에도 저 어린 아르투르와 똑같은 불안감을 가진 부분이 있지는 않을까요? 살아오면서, 우리는 단 한 번이라도 혼자 남겨질까 봐 두려워했던 적이 없었을까요? 어떤 대답을 하든, 그 답은 우리가 어린 시절에 무엇을 경험했는지에 달려 있습니다.

아이들에게 있어 버려질 것이라는 두려움은 종종 자신이 사랑받을 자격이 없다는 느낌과 함께 나타납니다. 안타깝게도 매우 흔한 예로, 부모의 이혼에 대해 아이들이 스스로를 탓하는 상황을 생각해 보면 충분합니다. "아빠는 떠났고 엄마는 더 이상 나를 사랑하지 않아, 왜냐하면

내가 나쁜 아이이기 때문이야." 우리는 그런 아이들에게 연민을 느낄 수 있고, 의식적인 차원에서는 그 아이들이 틀렸다는 것을 압니다. 하지만 실제로는, 우리 역시 매우 자주 그 아이들과 똑같은 방식으로 생각하곤 합니다. 바로 이 때문에, 우리 자신을 진정으로 이해하기 위해서는 우리가 과거에 어떤 아이들이었는지 먼저 이해해야 하는 것입니다.

세 살배기 미르코를 예로 들어 봅시다. 그는 사교적이고 매우 다정한 아이여서, 매일 유치원에서 돌아올 때면 엄마에게 그림을 가져다주고, 그다음에는 신나게 간식을 먹고 아빠와 함께 놉니다.

아이들의 마음은 아직 완전히 발달하지 않았지만, 그럼에도 불구하고 무의식이라는 영역은 분명히 존재합니다. 의식적인 수준에서 미르코는 엄마와 아빠에게 깊은 애정을 느끼고 그들과 함께 시간을 보내는 것을 사랑하지만, 무의식적인 수준에서 그의 마음은 부모님 없이는 음식도 보살핌도 없을 것이고 결국 자신의 생존이 위태로워질 것이라는 사실을 알고 있습니다.

그의 부모님이 헤어졌을 때, 미르코는 어머니에게 맡겨지고 아버지를 일주일에 두 번밖에 볼 수 없게 됩니다. 부모님 두 분 모두 이별로 인해 감정적으로 몹시 지쳐 있습니다. 어머니는 집에서 피곤하고 우울한 모습을 보이고, 아버지는 예

전보다 말수가 줄고 항상 슬픈 표정입니다. 아이는 외롭고 혼자 남겨졌다고 느끼기 시작하고, 그의 무의식적인 마음은 두려움에 휩싸입니다. 왜냐하면 부모님이 더 이상 예전 같지 않기 때문입니다.

'엄마 아빠가 나를 떠나려는 걸까? 부모님 없이 어떻게 살아남을 수 있을까? 만약 나를 버린다면, 나는 위험에 처할 거야.'

바로 이러한 위험에 대한 인식이 우리 마음의 가장 중요한 방어 기제 중 하나인 '분노'를 활성화시킵니다. 분노는 종종 부정적인 감정으로 여겨져 통제하고 억압해야 하는 것으로 간주되지만, 실제로는 우리 자신을 방어하도록 이끄는 자기 보호의 강력한 무기입니다. 만약 누군가가 우리에게 상처를 입히면, 우리 마음은 그가 다시는 그런 행동을 하지 못하도록 그를 공격하라고 우리를 부추깁니다.

하지만 중요한 점은, 분노는 방패가 아니라 칼이라는 것입니다. 우리 삶이 전적으로 의존하고 있는 사람들을 칼로 찌르는 것이 과연 현명한 일일까요? 우리 역시 함께 죽음을 맞이하게 될 것입니다. 이것이 바로 세 살짜리 아이가 감히 부모님에게 진심으로 화를 낼 수 없는 이유입니다. 장난처럼 화내거나 사소한 문제에 대해서는 화낼 수 있을지 모릅니다. 마치 종이 칼을 가지고 놀듯이 말이

죠. 하지만 결코 진심으로 그렇게 할 수는 없습니다.

그럼에도 불구하고, 그 칼은 사용되기를 갈망합니다. 분노는 여전히 그 자리에 남아 있습니다. 만약 그 분노를 유발한 대상에게 직접 향하게 할 수 없다면, 우리는 무엇을 할 수 있을까요? 어른에게는 더 많은 선택지가 있겠지만, 아이에게는 단 하나의 선택지만이 남아 있습니다. 바로 그 분노를 자기 자신에게로 향하게 하는 것입니다.

미르코는 자신의 마음속에서 무슨 일이 일어나고 있는지 전혀 알지 못합니다. 그가 아는 것이라고는 자신이 매우 슬프다는 사실뿐입니다. 그의 그림들은 변했습니다. 마치 그의 삶이 변해 버린 것처럼 말입니다. 예전에는 노란색과 빨간색 동그라미들(세 살 아이에게 그것은 태양과 하트를 의미합니다)이 가득했던 그림에, 이제는 온통 회색과 검은색의 거친 낙서들만이 남아 있습니다. 그의 부모님은 이러한 변화를 알아차리고, 미르코와 그들 자신 모두가 이 힘든 감정들을 잘 처리하고 극복할 수 있도록 돕기 위한 과정을 시작하기로 결정합니다. 마침내, 가족의 균형은 회복됩니다.

문제는 모든 아이가 어린 미르코처럼 운이 좋지는 않다는 것입니다. 부모로부터 충분한 위로와 확신을 받지 못하고, 결국 자기 자신에게 더욱 분노하며 스스로를 버림받아 마땅한 존재라고 믿게 되는 아이들이 있습니다. 맥

윌리엄스(정신과 의사)가 설명하듯이, 바로 이러한 메커니즘이 외로운 아이들을 우울한 성인으로 만들 수 있는 것입니다. 그리고 그보다 앞서, 외로운 청소년기를 보내게 만들죠.

거부당한 청소년

"네 머릿속에 무슨 생각이 오가는지 안다."
아버지가 말했습니다.
아르투르는 읽고 있던 그리스어 책에서 고개를 들었어요.
"너는 저런 것을 좋아하지."
"너는 저런 것들을 좋아하지."
하인리히 쇼펜하우어가 아들이 책상 위에 흩어 놓은 책과 노트들을 가리키며 말을 이었습니다.
"내가 너에게 가르치는 상업 기술보다는 저런 고전들이 훨씬 더 네 마음을 사로잡는 모양이구나, 그렇지?"
아르투르는 아무 말도 하지 않았지요.
"나는 네가 가업을 이어받기를 바라지만, 억지로 강요할 수는 없다는 것을 안다."
아들은 미동도 하지 않았습니다. 마치 숨조차 쉬지 않는 듯했지요.

"네가 정 원한다면, 상업 공부는 그만두고 고전 공부에만 전념해도 좋다."

아르투르의 푸른 눈이 반짝 빛났고, 그는 막 입을 열었습니다.

"정말…."

아버지가 그의 말을 가로막았어요.

"하지만 만약 네가 그런 선택을 한다면, 너는 나와 네 어머니와 함께 여행을 떠날 수 없을 것이다. 알다시피, 우리는 유럽 전역을 둘러보는 장대한 여행을 계획하고 있지 않느냐. 네덜란드, 영국, 프랑스 같은 나라들을 방문할 예정이란다…."

하인리히는 아들의 눈 속에서 반짝이던 빛이 스르르 꺼지는 것을 알아차렸습니다. 바로 그가 의도했던 바였죠. 그는 아르투르가 고전을 공부하고 싶어 한다는 것을 알았지만, 동시에 아들이 학교에서 친구를 제대로 사귀지 못한다는 사실도 알고 있었습니다. 아들은 외로움을 느꼈고, 만약 부모님이 그를 두고 여행을 떠난다면 더욱더 깊은 고독감에 빠질 것이었습니다. 게다가 유럽 전역을 둘러보는 그랜드 투어라니! 그는 몇 년 동안이나 그 여행을 손꼽아 기다려왔습니다.

"네가 원한다면, 우리와 함께 가도 좋다."

그가 말을 이었어요.

"하지만 그러려면 상업 공부를 계속하겠다고 약속해야

만 한다."

마지막으로, 마치 케이크 위에 체리를 얹듯, 의무감이라는 결정타를 날렸지요.

"쇼펜하우어 가문에는 네가 필요하다."

그가 덧붙였습니다.

예상했던 대로, 아르투르는 그랜드 투어를 선택했어요.

이 결정은 그의 어머니 요한나 역시 기쁘게 했습니다. 그녀는 남편보다 스무 살이나 어렸고, 그를 전혀 사랑하지 않았어요. 물론 하인리히가 그 사실에 크게 개의치 않았습니다. 그녀가 자서전에 썼듯이, "나 역시 그에게 열렬한 사랑을 꾸며내 보인 적이 없었고, 그 역시 그것을 내게 요구하지 않았다." 하지만 요한나에게는 가슴 뜨거운 열정이 있었습니다. 바로 글쓰기였죠. 그녀는 또한 사교계 생활을 즐겼고, 여러 살롱을 드나들며 지적인 대화를 나누는 것을 좋아했습니다. 집안일과 가족에게만 얽매이는 어머니이자 아내로서의 삶은 그녀에게 전혀 어울리지 않았습니다. 그녀는 그보다 훨씬 더 원대하고 자유로운 삶을 꿈꿨죠. 그 여행은 적어도 그녀에게 잠시나마 숨통을 트여 줄 것 같았어요.

실제로, 그랜드 투어는 신선한 공기를 한껏 들이마시는 것과 같았습니다. 너무나 신선했기에, 그들이 여행에서 돌아왔을 때 평소의 단조로운 삶은 숨 막히게 느껴지기

시작했어요. 하인리히는 긴 여행이 아내와 아들의 불안정한 영혼에 평화를 가져다줄 것이라고 믿었지만, 실제로는 그들에게 다른 삶에 대한 갈망만 더욱 부추겼을 뿐이었지요.

그는 집과 일 그리고 가족 사이에서 보내는 조용하고 단조로운 삶을 선호하는, 세 사람 중 유일한 사람이었습니다. 아니, 어쩌면 그 역시 그런 삶을 진심으로 원하지 않았던 것일까요. 그랜드 투어가 끝난 지 채 1년도 되지 않아, 하인리히 쇼펜하우어는 스스로 목숨을 끊은 채 발견되었습니다.

아르투르는 엄청난 충격과 슬픔에 잠겼습니다. 반면에 그의 어머니는 마침내 자유의 몸이 되었습니다. 요한나는 자신에게 전혀 어울리지 않는 세상에서, 손에 잡히지 않을 것만 같았던 다른 삶을 꿈꾸며 20년이라는 결혼 생활을 견뎌 냈던 것입니다. 이제야말로 그 꿈을 향해 나아갈 때였죠.

그녀는 자신의 원고들을 들고 여러 출판사를 찾아다니며 이름을 알리기 시작했어요. 아주 짧은 시간 안에 그녀는 당대 문화계 명사들의 일원이 되었습니다. 괴테와 점심 식사를 함께하고 그림 형제와 차를 마셨으며, 그들은 그녀가 자신의 책을 쓰고 출판하도록 적극적으로 격려했습니다. 하지만 그동안 아르투르는 어디에 있었을까요?

가능한 한 어머니에게서 멀리 떨어져 있었습니다. 요한

나는 아들이 철학에 대한 열정을 따르도록 내버려 두었지만, 더 이상 한 지붕 아래에서 함께 살기를 원하지는 않았어요. 그녀는 아들과 엮이는 것을 피하고 싶어 했습니다. 하지만 아르투르에게는 어머니가 필요했지요. 그는 어떻게든 어머니에게 다가가려 애썼지만, 사랑 없는 가정에서 자란 사람은 애정을 구하는 방법조차 제대로 알지 못했습니다.

아르투르는 어머니와 다른 사람들 모두에게 점점 더 날카롭고 까다롭게 굴었어요. 요한나는 아들에게 진정하라고 쏘아붙였습니다. 아들의 오만하고 까다로운 성격을 더 이상 견딜 수 없었기 때문입니다.

그러자 아르투르는 격분하여 어머니에게 쏘아붙였습니다. 여러 남자들과 어울리며 아버지의 유산을 탕진하고 있다고 비난하면서 말이죠. 요한나는 자신이 자유로운 여성이고 스무 살짜리 아들을 기쁘게 하기 위해 어떤 교제도 끊을 생각이 없다고 딱 잘라 응수했습니다.

심지어 아르투르가 그의 첫 번째 저서인 『충족 이유율의 네 겹의 뿌리에 관하여』에 대해 자랑스럽게 이야기했을 때조차, 요한나는 그런 심오한 제목이라면 철학자들보다는 약초나 캐는 시골뜨기들이나 관심을 가질 만하다며 그를 조롱했어요.

이렇듯 아들의 마음을 또다시 외면하자, 두 사람의 관

계는 걷잡을 수 없는 감정싸움으로 치달았고, 결국 요한나가 보낸 한 통의 편지로 파국을 맞게 됩니다. 그녀는 편지에서 그의 모든 잘못과 그동안 그가 보여 준 온갖 무례하고 거만한 행동들을 조목조목 질책했습니다.

'네 스스로 나에게서 멀어져 간 것이다… 이 모든 일들과 그보다 더한 일들 때문에, 내 눈에는 네가 더없이 사악한 존재로 보일 뿐이다.'

아르투르는 선택의 기로에 놓였어요. 어머니의 사랑을 되찾기 위해 더 다정하고 이해심 많은 아들이 되려고 노력하거나, 아니면 어머니가 자신을 영원히 경멸할 것이라는 사실을 받아들이면서 그 관계가 완전히 끊어지도록 내버려 두거나.

두 사람은 다시는 서로를 보지 않았습니다.

거부당하는 것과 패물(佩物)처럼 느껴지는 것 사이의 미묘한 경계

결국 쇼펜하우어가 어머니에게 조금 더 살갑게 대했더라면 상황이 달라졌을 것이라고, 혹은 그가 조금만 더 예의 바르게 행동하고 더 나은 모습을 보였다면 어머니가 그를 용서했을 것이라고 생각하는 것이 과연 합리적일까요?

아닙니다. 우리의 마음이 그저 그렇게 믿고 싶어 할 뿐이죠.

정신과 의사 낸시 맥윌리엄스는 정서적 유기를 경험한 사람들의 우울증적 메커니즘을 수년간 연구했는데, 수많은 사례에서 공통적으로 반복되는 한 가지 특징이 있습니다. 바로 그들이 모든 것이 '자신의 잘못'이었다고 생각한다는 점입니다.

만약 우리가 다른 사람들과 다른 의견을 가질 때마다 '멍청하다'는 말을 듣는다면, 자신의 주장을 펼칠 때마다 '오만하다'는 말을 듣는다면, 그리고 스스로를 방어하려 할 때마다 '공격적이다'라는 말을 듣는다면, 우리는 결국 스스로를 정말로 멍청하고, 오만하며, 공격적인 사람이라고 믿게 될 가능성이 높습니다. 우리는 우리 자신 안에 무언가 근본적으로 잘못된 것이 있고, 만약 우리가 조금만 더 똑똑하고, 겸손하며, 유순한 사람이었다면 다른 사람들이 우리에게서 등을 돌리지 않았을 것이라고 믿게 될 수 있습니다. 이것이 바로 우울 성향을 가진 사람들이 대체로 상냥하고 착한 이유입니다. 그들은 다시 버림받고 싶지 않기 때문에, 가능한 한 최선을 다해 '괜찮은 사람'이 되려고 노력하는 것이죠. 그들은 자신을 떠난 사람들이 자신 안의 어떤 결함 때문에 그랬다고 굳게 믿으며, 이러한 믿음은 결국 '아무도 있는 그대로의 나를 사랑하지 않을 거야', '나는 항상 최선을 다하려고 하지만, 그것만으로는 충분하지 않을

까 봐 두려워', '나는 지금과 완전히 다른 사람이 되고 싶어' 와 같은 절망적인 생각들로 이어집니다.

우울증을 앓던 환자 발렌티나의 예를 들어 봅시다. 그녀가 어렸을 때 사랑과 관심을 갈구하며 다가가면, 그녀의 아버지는 그녀를 밀어내며 "너무 버릇없이 군다"고 반복해서 말했습니다. 그녀는 상처받아 울었고, 아버지는 그녀를 달래기 위해 만약 그 '터무니없는 변덕'을 그만둔다면 텃밭 가꾸는 것을 돕게 해 주겠다고 약속하곤 했습니다. 그 방법은 언제나 효과가 있었습니다. 아이는 눈물을 그치고 아버지와 함께 일할 '허락'을 얻어 냈죠. 오늘날 발렌티나는 신체적인 접촉, 특히 포옹을 몹시 싫어하며, 자신이 사랑하는 사람들이 오직 자신이 그들에게 '도움이 될 수 있다'는 것을 증명하고, 그들의 곁에 있을 '자격'이 있음을 보여 줄 때만 자신 곁에 머물러 줄 것이라고 굳게 믿고 있습니다. 최근 그녀는 남자친구 마누엘과 관계에 위기를 겪고 있지만, 그 상황을 제대로 마주하지 못하고 있습니다. 마누엘이 그녀에게 처음으로 "사랑해"라고 말했을 때, 발렌티나는 그 멋진 남자가 어떻게 자신 같은 사람과 사랑에 빠졌는지 도무지 믿을 수가 없었습니다. 처음에는 더없이 행복했지만, 얼마 지나지 않아 그녀의 기분은 완전히 바뀌어 버렸습니다.

"그는 나를 정말로 사랑하는 게 아니에요."

그녀가 울면서 심리치료사에게 털어놓았습니다.

"그는 단지 내가 그를 위해 해 주는 것들 때문에 나를 원하는 거예요. 있는 그대로의 나를 사랑해 줄 리가 없어요."

발렌티나는 있는 그대로의 자신 때문에 사랑받는다고 느끼지 못하고, 자신이 하는 것 때문에 사랑받는다고 느낍니다. 그녀는 유용해지려고 너무 노력해서 항상 피곤하고 지쳐 있습니다. 그녀는 모든 기운을 소진하면 더 이상 누구에게도 도움이 될 수 없을 것이고, 그러면 마누엘은 그녀를 있는 그대로(버릇없는 아이) 볼 것이고 그녀를 떠날까 봐 두려워합니다.

발렌티나는 있는 그대로의 자신이 아니라, 자신이 '하는' 일 때문에 사랑받는다고 느낍니다. 그녀는 다른 사람에게 유용한 존재가 되기 위해 너무나 애쓴 나머지 항상 녹초가 되어 있고 기진맥진한 상태입니다. 그녀는 자신의 모든 기력이 소진되어 더 이상 누구에게도 도움이 될 수 없게 되면, 마누엘이 자신의 본모습(버릇없는 아이)을 보게 되고 결국 자신을 떠나 버릴까 봐 두려워합니다. 만약 쇼펜하우어가 불행하게도 발렌티나가 아버지에게 그랬던 것처럼 어머니에게 휘둘리고 그 영향을 받았다면, 그는 아마 친절하고 남에게 잘 맞춰 주는, 소위 '착한' 사람이 되었을지도 모릅니다. 하지만 그는 정반대의 길을 택했습니다. 그는 요한나의 사랑을 얻으려 애쓰지 않았고, 설

령 애썼다 하더라도 결코 성공하지 못했을 것입니다. 부모의 사랑은 자녀가 노력해서 '얻어 내는' 것이 아니라, 무조건적이어야 합니다. 그렇지 않다면 그것은 진정한 사랑이 아니라, 단지 유용함에 대한 대가일 뿐입니다. 발렌티나는 이제 그 쓰라린 사실을 조금씩 이해하기 시작했습니다. 그리고 진실을 이해한다는 것은, 매우 자주, 상처 치유의 첫걸음이 됩니다.

쇼펜하우어의 힘:
어떻게 스스로에게 만족할 것인가

> 나는 혼자 남겨졌다. 하지만 진심으로 말하건대, 그것은 내 탓이 아니었다. 나는 마음과 정신을 가진 인간이라면 그 누구도 밀어내거나 피하지 않았다.*

쇼펜하우어는 다른 사람들과 좋은 관계를 맺는 법을 우리에게 가르쳐 줄 수 없을 겁니다. 그는 평생 동안 외로움을 느꼈으니까요. 하지만 그는 우리가 고독 속에서도 필요한 모든 것을 스스로 찾아낼 수 있도록 도와줄 수는 있습니다.

---

* 아르투어 쇼펜하우어, 『자기 인식의 기술 (L'arte di conoscere se stessi)』, 전게서, 75쪽.

다른 사람들의 마음에 들기 위해 자신을 바꾸려 하는 것이 우울증으로 이어진다면, 진정한 행복은 우리 자신에게 충실하게 머무르는 데 있습니다. 하지만 우리는 결코 우리가 경멸하는 누군가에게 충실하고 싶어 하지는 않을 겁니다. 이것이 바로 행복에 대한 가장 큰 장애물(혹은 쇼펜하우어가 표현했듯이 '가장 쓰디쓴 고통')이 다름 아닌 '자기 경멸'인 이유입니다. 최악의 고통은 다른 사람들에게 버림받는 것이 아니라, 바로 자기 자신을 버리는 것입니다.

때때로 우리는 자신도 모르는 사이에 스스로에게서 멀어지곤 합니다. "왜 내 친구들에게는 항상 좋은 일만 생기는데 나한테는 안 그럴까?" 하고 불평하며, 만약 우리가 더 운이 좋았다면 더 행복했을 것이라고 생각할 때가 그렇습니다. 또 "만약 내가 그 사람처럼 부자였다면, 정말 행복했을 텐데." 하고 돈이 모든 문제의 해결책이라고 생각할 때도 마찬가지입니다. 우리는 자꾸만 외부적인 것에 초점을 맞추고, 정작 내면의 것은 내버려둡니다. 그리고 이것이야말로, 쇼펜하우어에 따르면, 어리석기 짝이 없는 행동입니다.

아르투르는 모자에서 '돈이 행복을 가져다주지는 않는다'거나 '행복은 오직 네 안에서만 찾을 수 있다'와 같은 그럴듯한 명언을 꺼내 보이며 현자 행세를 하는 그런 유형의 사람은 아니었습니다. 그는 오히려 그 주제에 대해 몇

페이지고 빼곡하게 글을 써 내려가며, 실제로 행복은 외부적인 재화에 달려 있지 않다는 것을 논증하려 드는 유형의 사람이었죠. 그 문제의 페이지들은 『여록과 보유*』에서 찾아볼 수 있습니다.

쇼펜하우어는 현실이 두 개의 반쪽, 즉 주체와 객체로 이루어져 있다고 주장합니다. 객체란 우리 삶에서 일어나는 일들, 행운과 불운의 연속, 그리고 외부적인 재화들을 의미합니다. 반면에 주체는 바로 우리 자신입니다. 모든 주체는 각자 고유한 성격을 부여받았으며, 이 성격으로 인해 세상을 다른 사람들과는 다른 방식으로 바라보게 됩니다. 한 무리의 사람들이 똑같은 장면을 목격하더라도, 각자 그 장면에 매우 다른 의미를 부여할 수 있는 것이죠. 따라서 차이를 만드는 것은 우리가 무엇을 보느냐가 아니라, 우리가 그것을 어떻게 해석하느냐입니다. 이것이 바로, 설령 우리가 더 운이 좋았다고 하더라도 그것만으로는 더 행복해질 수 없는 이유입니다. 중요한 것은 우리 삶에서 일어나는 사건 그 자체가 아니라, 그것을 받아들이는 우리 자신의 '해석 능력'이기 때문입니다.

물론 어떤 사건들은 객관적으로 사람을 더 행복하게 만든다고 반박할 수도 있습니다. 예를 들어, 부자가 되는 것을 기뻐하지 않을 사람이 누가 있을까요? 그렇게 되면 원

---

* 아르투르 쇼펜하우어, 『여록과 보유(Parerga e paralipomena)』 아델피, 밀라노 1998, 참조.

하는 것은 무엇이든 살 수 있을 텐데요.

하지만 만약 내면의 공허함을 채우기 위해서가 아니라면, 사람은 왜 그토록 많은 것을 원해야 할까요? 쇼펜하우어에 따르면, 바로 내면의 빈곤함이 외부적인 부유함을 추구하도록 만드는 것입니다. 돈에서 행복을 찾는 사람은, 마치 젊은 여자들을 유혹하며 잃어버린 젊음을 되찾으려 하는 늙은 남자들처럼, 단지 자신 안에 부족한 것을 밖에서 찾으려 할 뿐입니다.

우리가 행복을 찾아 외부로 시선을 돌릴 때마다, 실제로는 행복에 등을 돌리고 있는 셈입니다. 우리는 오직 내부로 시선을 돌리고, 쇼펜하우어가 '가장 어리석은 실수'라고 정의했던 것, 즉 '자신이 아닌 다른 존재가 되려는 욕망'을 멈출 때에야 비로소 행복을 만날 수 있습니다. 빌헬름 그비너에게 맡겨졌던 그의 개인 수첩에는, 그에게 큰 깨달음을 주었던 샹포르(Chamfort)의 다음과 같은 격언이 적혀 있었습니다.

> 세상에서 흔히 지혜라고 부르는 것보다 한 차원 높은 지혜가 있으니, 이는 곧 자신의 타고난 기질을 대담하게 따르며, 그로 인해 초래될 수 있는 온갖 불이익과 불편함까지도 용기 있게 감수하는 것이다.*

---

* 아르투르 쇼펜하우어, 『자기 인식의 기술(L'arte di conoscere se stessi)』, 전게서, 41쪽.

우리 자신에게 충실한 것은 친구에게 의리를 지키는 것과 같습니다. 그것이 우리에게 이로울 때는 쉽지만, 만약 다른 사람들의 인정을 잃거나 직업적인 기회를 놓치는 문제가 되거나, 심지어 너무 많이 자신을 드러내야 하는 상황이 되면, 그때는 의리가 흔들리기 시작합니다. 때때로 우리는 결국 우리 자신을 뒷전에 두게 되고, 이것은 일반적으로 장점으로 여겨지기도 합니다. 자신이 열정을 느끼는 일 대신 더 나은 직업 전망을 가진 일을 위해 그 열정을 포기하는 사람은 선견지명이 있고 기회를 잡을 줄 아는 사람으로 여겨집니다. 자신의 반대 의견을 표현하는 것을 피하는 사람은 사회생활에 능숙하고 그와는 쉽게 어울릴 수 있다는 이유로 칭찬을 받습니다.

우리는 폭풍우 속에서 바람에 몸을 맡기며 살아남는 갈대처럼 유연해야 한다고 생각하며, 정작 그러다가 굳건한 떡갈나무가 부러지는 것은 잊어버립니다. 그리고 모든 상황에 그저 순응하기만 하는 사람들은 결국 개성 없는 사람들이라는 사실 또한 잊어버립니다. 물론, 뚜렷한 개성을 드러내는 것은 불리함을 가져올 수 있습니다. 떡갈나무는 부러지기 마련이니까요. 하지만 자문해 보아야 합니다. 과연 모든 바람의 숨결에 그저 몸을 맡기는 데 익숙해진 갈대들이, 단 하루라도 고개를 꼿꼿이 세우고 살아본 적이 있었을까요?

그렇다면 우리는 어떻게 해야 할까요? 항상 뻣뻣하고 오만하게 굴어야 할까요? 당연히 아닙니다. 우리는 다른 사람들의 필요를 충분히 이해하고 타협점을 찾을 수 있습니다. 하지만 우리가 결코 해서는 안 되는 것은, 바로 우리 자신과 타협하는 것입니다.

> 우리가 할 수 있는 유일한 것은… 우리에게 주어진 개성을 최대한 활용하는 것이다. 즉, 그것에 걸맞은 열망만을 키우고, 그것에 적합한 자연스러운 발전을 따르며, 다른 어떤 것은 피하고, 따라서 그것에 맞는 신분, 직업, 삶의 방식을 선택하는 것이다.*

우리가 우리 자신만의 독특함에 충실할 때, 비로소 고독은 우리의 진정한 협력자가 됩니다. 자신을 존중하고 스스로를 가장 친한 친구로 삼은 사람은, 자기 자신만으로도 충분한 사람입니다. 이것이 바로 고독이 그에게 부담스럽지 않고, 오히려 그가 고독을 적극적으로 찾는 이유입니다. 자기 자신과 홀로 남아, 자신이 더없이 훌륭한 동반자와 함께 있음을 깨닫는 것보다 더 아름다운 것은 없습니다.

쇼펜하우어에 따르면, 고독은 우리에게 두 가지 귀한

---

* 아르투르 쇼펜하우어, 『삶의 지혜(La saggezza della vita)』, 리베라멘테, 밀라노 2019, 9쪽.

선물을 줄 수 있습니다. 첫 번째는 완전히 우리 자신이 될 수 있는 자유이고, 두 번째는 한 사람의 진정한 가치를 측정할 수 있는 척도입니다.

가치가 별 볼 일 없는 사람은 자기 자신을 피하기 위해 고독을 피할 것이고, 자신의 생각을 지탱할 수 있는 사람은 고독 또한 견뎌낼 수 있을 것이며, 마지막으로 내면의 풍요로움이 위대한 사람은 자신 안에 있는 것을 즐기기 위해 고독을 찾을 것입니다.

베를린, 1821년.

쇼펜하우어 교수는 텅 빈 강의실에 들어섰습니다. 어찌나 조용했던지, 그는 건물 다른 편에서 들려오는 웅성거리는 소리까지 들을 수 있었습니다. 그것은 헤겔의 강의를 듣기 위해 좋은 자리를 차지하고 필기라도 제대로 하려고 서로 밀치고 있던 학생들이 만들어 내는 소음이었습니다.

그 귀하디 귀한 헤겔 교수의, 그 귀하디 귀한 강의의, 그 귀하디 귀한 노트들. 아르투르는 자신의 책들을 강단 위로 내던지고는 의자를 걷어찼습니다.

독일 전체가 저 당나귀 같은 자를 천재라고 철석같이 믿고 있었지만, 그는 그저 자신의 출세를 위해 가장 편리

한 말만 골라 하는 기회주의자에 불과했습니다. 국가에 대한 그의 아첨은 듣는 이로 하여금 진저리가 나게 만들 정도였습니다. 만약 아르투르가 혐오하는 것이 하나 있다면(물론 솔직히 말해서 그가 혐오하는 것은 꽤 많았지만) 그것은 바로 저 아첨꾼이 위대한 이상과 진보에 대해 이야기할 때 짓는 그 엄숙하기 짝이 없는 표정이었습니다.

그는 강단에 앉아 새 노트를 꺼냈습니다.

"외부에 의존하는 모든 것들 중에서, 나에게 가장 가까운 것은 나의 독립성이다."

그가 썼습니다.

> 나의 독립성은 마치 몸에 가장 맞닿아 있는 셔츠와도 같아서, 내가 누구인지를 잊고 다른 역할을 떠맡도록 강요당하는 것을 결코 용납하지 않는다. 예를 들어, 돈에 고용된 창녀 같은 예술가나, 자신의 지식과 사상을 마치 가게 주인이 진열장에 내놓는 상품처럼 여기는 교수, 혹은 권력자의 입맛에 맞게 보고를 올리는 어용 고문이나 한낱 집사 노릇 따위를 하도록 강요당하는 것을 말이다.*

방금 쓴 글을 다시 읽으며 그는 미소를 지었고, 순간 그

---

* 아르투르 쇼펜하우어, 『자기 인식의 기술(L'arte di conoscere se stessi)』, 전게서, 34쪽.

의 푸른 눈빛이 더욱 강렬하게 빛나는 듯했습니다. 물론, 세상은 그에게 등을 돌린 것처럼 보였습니다. 혐오스러운 헤겔은 경력의 정점을 달리고 있었지만, 그는 시작부터 실패한 것처럼 보였고, 어머니의 책들은 날개 돋친 듯 팔려 나갔지만 그의 책들은 먼지만 쌓여갔으며, 그의 미래는 과거보다 더 밝아 보이지 않았습니다. 하지만, 그는 자신에게 충실하게 남아 있는 데 성공했습니다.

그는 노트를 덮고 표지에 고대 그리스어로 두 단어를 휘갈겨 썼습니다. '에이스 에아우톤(Εἰς ἑαυτόν)', 즉 '자기 자신에게'. 그 선택은 결코 우연이 아니었습니다. 그것은 마르쿠스 아우렐리우스 황제가 자신의 명상록에 붙인 제목이었습니다. 고대 현자들의 글들은, 마치 전장의 병사에게 고향에서 온 편지가 그러하듯이, 아르투르에게 큰 위안을 주었습니다. 그의 마음을 따뜻하게 데워 주었죠.

쇼펜하우어 교수는 당시 알 수 없었지만, 그 뒤 여러 해에 걸쳐 그는 그 노트에 너무나 개인적인 내용들을 적어 내려가게 되고, 결국 그것들을 출판하지 않기로 마음먹게 될 터였습니다. 그는 자신의 유언 집행자인 빌헬름 그비너에게, 자신이 죽은 후에야 비로소 그 원고를 공개하도록 요청하게 될 것이었습니다.

아르투르가 알 수 없었던 또 다른 사실은, 불과 20여 년 후에 한 남자가 태어날 것이라는 점이었습니다. 그는 고

대인들의 책에서 위안을 찾았던 것처럼 쇼펜하우어의 책에서 위안을 찾을 것이었고, 헤겔의 모든 강의를 빼먹고서라도 그의 강의 중 단 하나라도 듣기 위해 달려올 그런 남자였습니다.

44년 후, 프리드리히 니체는 쇼펜하우어의 천재성에 마치 번개를 맞은 듯한 충격을 받게 됩니다. 그리고 이것은 오직 아르투르가, 아무도 그에게 단 한 푼의 가치도 걸지 않았을 때조차, 꿋꿋하게 글쓰기를 계속했기 때문에 가능한 일이었습니다.

1860년, 쇼펜하우어가 세상을 떠난 지 몇 달 후.

빌헬름은 이제 그 비밀스러운 수첩의 마지막 페이지에 다다랐습니다.

> 나는 언제나 품위 있는 죽음을 맞이하길 바랐다. 실로, 평생을 고독 속에서 살아온 사람이야말로, 다른 누구보다 이 홀로 맞이해야 할 마지막 일을 더 잘 감당해낼 수 있을 테니까.*

"언제나 변함없는 아르투르로군."

그는 혼잣말로 중얼거렸습니다.

"항상 고독 타령이지."

---

* 아르투어 쇼펜하우어, 『자기 인식의 기술 (L'arte di conoscere se stessi)』, 전게서, 94쪽.

> 내가 이 세상에 올 때 지녔던 그 풍성한 재능들을 가지고 나의 근원으로 돌아간다는 기꺼운 자각과, 나의 소임을 다했다는 평온한 마음으로 나의 날들을 끝맺을 것이다.*

빌헬름은 마지막 몇 줄을 넋 놓고 바라보았습니다. 그것은 정말이지 한 편의 전기를 위한 더없이 멋진 마무리처럼 보였습니다.

그의 내면에서는 다시금 격렬한 갈등이 시작되었습니다. 전보다 훨씬 더 심하게 말이죠.

"아르투르는 자신이 죽은 후에 원고를 출판해 달라고 내게 부탁했지. 그래, 뭐, 그걸 이용해서 그에 대한 전기를 쓰는 것도 어찌 보면 출판하는 거랑 비슷한 거 아닌가?"

"그건 출판이라기보다는 도둑질에 가깝지. 게다가 아르투르의 친구들이 이 사실을 알아챌 수도 있고 말이야."

"미안하지만, 대체 어떤 친구들을 말하는 건가? 그는 늘 자신이 혼자라고 입버릇처럼 말하지 않았나."

결국, 빌헬름 그비너는 그 기회를 잡기로 결심했습니다. 그는 마치 갈대처럼, 눈앞의 이익이라는 바람에 몸을 맡겼습니다. 2년 후, 그는 전기를 출판했습니다.

쇼펜하우어의 친구들과 지지자들은 즉시 일부 구절들

---

* 위와 같음.

이 아르투르 본인이 직접 쓴 것이라는 사실을 알아차렸고, 그비너는 표절 혐의로 기소되었습니다.

다른 사람을 모방하는 자는 결국 그들의 희미한 그림자에 불과하지만, 자신의 독창성에 가치를 두는 사람은 어디에서나 그 존재를 알아볼 수 있는 법입니다. 빌헬름은 그 사실을 알았어야 했습니다. 갈대들은 모두 똑같아 보이지만, 모든 떡갈나무는 저마다 다른 모습을 하고 있으며 바로 그 때문에 쉽게 식별될 수 있다는 것을 말입니다.

아르투르를 사랑하고 존경했던 사람들은 여러 해 동안 싸웠고, 마침내 그의 노트 '자기 자신에게'는 그비너가 쓴 전기에서 원본 부분들을 추출하여 재구성될 수 있었습니다. 그들이 보여 준 그토록 큰 헌신을 생각하면, 비록 아르투르 자신은 곁에 아무도 없다고 믿었을지라도, 현실은 전혀 달랐을 것이라고 짐작해 볼 수 있습니다.

그리하여, 쇼펜하우어의 삶은 우리에게 혼자 있는 것이 반드시 외로움을 느끼는 것을 의미하지는 않는다는 교훈을 가르쳐 줍니다.

반면에 그의 죽음은, 설령 우리가 외롭다고 느낄 때조차도, 우리가 정말로 혼자인 것은 아닐 수도 있다는 사실을 가르쳐 줍니다.

니체

기억하라, 네가 누구인지를.
니체의 첫 번째 삶

 프란치스카는 더 이상 어찌할 바를 몰랐습니다. 그녀는 체념한 듯 우산을 손에 쥔 채, 눈앞에 펼쳐진 광경을 멍하니 바라볼 뿐이었어요. 수업은 이미 끝났고, 다른 아이들은 쏟아지는 빗줄기를 피하려 앞다투어 학교 운동장을 빠져나가고 있었지요.
 '다른 모든 아이들.' 그녀의 아들, 프리츠와 관련된 일이라면 언제나 이런 식이었습니다. 세상에는 그 '다른 모든 아이들'이 있었고, 그리고 그 아이들과는 어딘가 다른, 그녀의 작은 아들 프리츠가 있었습니다. 바로 그 순간에도, 프리츠는 부자연스러울 만큼 침착한 걸음걸이로 그녀를

향해 다가오고 있었지요.

"어서 뛰어오렴!"

그녀가 소리쳤지만, 이미 열 번은 족히 반복했던 말이었지요. 아무 소용이 없었어요. 마침내 아들이 그녀에게 다다랐을 때, 그는 머리부터 발끝까지 흠뻑 젖어 있었습니다. 프란치스카는 안도의 한숨과 함께 깊은 체념에서 우러나오는 한숨을 내쉬었어요.

"내가 뛰라고 했을 때 왜 뛰지 않았니?"

"학교 규칙에 뛰면 안 된다고 되어 있잖아요. 선생님들께서 항상 몸가짐을 단정히 하고 조용히 행동하라고 당부하셨어요."

프리츠는 마치 작은 병사처럼, 더없이 진지하고 엄격한 표정으로 대답했습니다.

프란치스카는 아들의 지나치게 고지식하고 융통성 없는 모습에 그만 웃음을 터뜨리고 말았어요. 그녀와 프리츠의 여동생 엘리자베스는 이 일화 때문에 앞으로 몇 년 동안이나 그를 놀려댈 것입니다. 하지만 어쩌면, 그들의 농담 뒤에는 단순한 재미가 아니라, 애써 외면하고 싶은 깊은 두려움이 숨겨져 있었을지도 모릅니다.

혹시 프리츠의 그 지나친 열정과 고지식함이, 그의 아버지를 덮쳤고 결국 죽음으로 몰고 갔던 바로 그 설명할 수 없는 광기의 첫 징후는 아닐까 하는 두려움. 아버지와

남동생을 연이어 잃은 것이, 겨우 다섯 살짜리 어린아이에게는 너무나 감당하기 힘든 슬픔과 충격이 아니었을까 하는 두려움.

프란치스카와 엘리자베스의 이러한 걱정은 전혀 근거 없는 것이 아니었지만, 그것이 현실로 드러나기까지는 아주 오랜 시간이 흘러야 했습니다. 그의 삶의 첫 20년 동안, 프리츠는 더없이 모범적인 젊은이였어요. 그는 순종적이었고, 신앙심이 깊었으며, 뛰어난 피아니스트이자 비범한 학생이었고, 언제나 새로운 에세이를 쓰고 고대 문헌을 번역하는 일에 몰두할 준비가 되어 있었습니다.

그는 마치 지칠 줄 모르는 강력한 전쟁 기계처럼, 무언가를 향해 맹렬히 나아가는 것처럼 보였지요.

하지만 진실은, 그 격렬한 전쟁이 바로 그의 내면에서 벌어지고 있었다는 점입니다.

그는 학업에서 뛰어난 성취를 보였지만, 동시에 자신이 이룩한 모든 것을 한순간에 망쳐 버릴지도 모른다는 극심한 불안감에 끊임없이 시달렸습니다. 그의 고등학교 마지막 학년 때, 스스로 절제할 수 있다고 확신하며 단 한 번 술을 마셔 보려 했던 일을 떠올려보면 충분하죠. 불행히도, 그는 자신이 알코올에 매우 약하다는 사실을 금방 깨달았고, 의도치 않게 만취 상태가 되어 버렸어요. 설상가상으로, 그의 교수 중 한 명이 그 모습을 목격했고, 학교는 징

게 조치를 결정했습니다.

다른 학생이었다면 어떻게든 사건을 가볍게 넘기려 애쓰고, 하필이면 들켜버린 자신의 불운을 탓하며 투덜거렸을 것입니다. 하지만 그 오래전 비 오던 날부터 이미 분명했듯이, 세상에는 '다른 모든 아이들'이 있었고, 그리고 그들과는 다른 프리츠가 있었습니다. 그는 주저 없이 어머니에게 편지를 쓰기로 결심했어요.

"이런 불미스러운 일로 저는 지난 학기 동안 힘들게 쌓아 올렸던 좋은 평판을 하루아침에 모두 망가뜨리고 말았습니다. 이것은 완전한 파멸이나 다름없습니다."*

이것이 바로 그에게 '실수를 저지른다'는 것이 의미하는 바였지요. 완전한 파멸.

"저는 또한 제 자신에 대해 참을 수 없는 격렬한 분노를 느낍니다. 제가 맡은 일들을 제대로 해 나갈 수도 없고, 결코 마음의 평온을 찾을 수도 없기 때문입니다. 부디 즉시, 그리고 매우 엄격하게 저를 꾸짖어 주십시오. 저는 마땅히 그런 꾸지람을 받아야 하며, 저 자신보다 그 사실을 더 잘 아는 사람은 아무도 없을 것입니다… 저는 너무나 자만심에 빠져 있었고, 이제 이 모든 자신감이 한순간에 무너져 내리는 것을 느끼는 것은 실로 견딜 수 없이 불쾌하고

---

* 프리드리히 니체, 『시와 편지들(Poesie e lettere)』, 루스코니, 산타르칸젤로 디 로마냐 2010, 23쪽.

고통스러운 일입니다."*

한순간 전까지만 해도 그는 자신의 의무를 충실히 이행하고 있었고 모든 것이 순조롭게 진행되는 듯 보였지만, 다음 순간에는 실수를 저질렀고 자신에 대한 모든 신뢰를 잃었으며, 자신이 돌이킬 수 없는 파멸에 빠졌고 그 어떤 처벌을 받아도 마땅하다고 스스로를 단죄했습니다.

왜 그는 그토록 극단적으로 느꼈을까요? 그 해답은 그의 삶 전체를 지배했던 두 마디의 짧은 명령 속에 있습니다. 바로 '너는 해야 한다(Tu devi)'였어요.

그는 하루에 열두 시간씩 공부하는 것이, 어머니와 교수님들이 말씀하시는 모든 것을 한 치의 어긋남 없이 따르는 것이, 매일 아침과 저녁 빠짐없이 기도하는 것이 자신의 당연한 의무라고 스스로에게 끊임없이 되뇌었습니다.

그러한 엄격한 생활 방식을 유지하는 것은 육체적으로도 정신적으로도 몹시 힘겨운 일이었지만, 그 '너는 해야 한다'는 명령은 그에게 따라야 할 명확한 방향을 제시해 주었고, 역설적이게도 일종의 안정감을 안겨 주었습니다. 그것은 과거의 그 소년에게는 세상의 전부였지만, 그가 앞으로 되어갈 새로운 인간에게는 결국 아무것도 아닌 공허한 외침으로 변모할 운명이었지요.

---

* 위와 같음.

이 편지를 쓴 지 채 2년도 되지 않아, 프리츠는 어머니의 강력한 반대를 무릅쓰고 신학부를 떠났습니다. 그의 종교적 신념은 이미 뿌리부터 흔들리고 있었고, 맹목적인 의무감만으로는 더 이상 그의 삶에 어떤 의미도 부여할 수 없었어요.

이번에 그는 여동생에게 또 다른 편지를 썼지요.

"만약 네 영혼의 평화를 진정으로 원한다면, 너는 믿어야만 한다. 하지만 만약 네가 진리를 알고 싶다면, 너는 끊임없이 질문해야만 한다."*

처음으로, '원한다(vuoi)'라는 의지의 목소리가 '해야 한다(devi)'라는 의무의 명령보다 앞섰습니다.

작고 순종적이었던 프리츠는 이제 더 이상 존재하지 않았습니다. 그의 자리에는 이제 자유로운 영혼, 프리드리히 니체가 서 있었죠.

왜 우리는 '너는 해야 한다'는 폭압 아래 살아가는가

이상하게 들릴지 모르지만, 니체가 겪었던 것과 유사한 근본적인 변화를 이끌어 내는 데에는 분명한 방법이 존재

---

* 1865년 6월 11일 편지, 니체 아카이브.

합니다. 그것은 철학, 심리학, 생물학, 심지어 양자 물리학에서까지 동일하게 사용되는 방법입니다. 바로, 만약 진실을 알고 싶다면, 질문을 던져야 한다는 것이죠. '너는 ~해야 한다'는 강압적인 명령의 폭정으로부터 우리 자신을 해방시키기 위해 우리가 가장 먼저 해야 할 일은, 이 명령이 대체 어디에서 비롯되었으며 어떻게 우리 안에 그토록 깊이 뿌리내리게 되었는지 스스로에게 묻는 것입니다.

우리는 바로 니체의 글들을 통해 올바른 질문들을 던지고, 그에 대한 첫 번째 실마리들을 찾아 나가기 시작할 수 있습니다.

하지만 본격적으로 시작하기 전에, 잠시 멈춰서 다음에 이어질 내용들을 마치 '틀린 그림 찾기' 놀이를 하듯 읽어주시기를 부탁드립니다. 지금부터 우리가 함께 살펴볼 니체의 저서 『차라투스트라는 이렇게 말했다』에 묘사된 내용에 집중하면서, 당신 자신의 경험 중 어떤 것이 니체의 경험과 유사하고 또 어떤 것이 다른지 스스로에게 물어보십시오. 이러한 과정은 '너는 해야 한다'는 명령의 어떤 측면들이 당신에게 특히 강하게 작용하고 있는지를 이해하는 데 도움이 될 것입니다.

우리가 어깨에 짊어진 짐들

『차라투스트라는 이렇게 말했다』에서, 니체는 '너는 ~ 해야 한다'는 명령을 더 이상 추상적인 개념이 아니라 마치 실재하는 무언가처럼 바라볼 수 있게 하는 하나의 비유를 사용합니다. 그가 묘사하는 불쌍한 낙타의 모습은 거의 눈앞에 생생하게 그려지는 듯합니다.

그런데 왜 하필 낙타일까요? 왜냐하면 낙타는 순종적인 동물이고, 사막과 같이 황량하고 고독한 장소에서 무거운 짐들을 운반하기 때문입니다. 이는 우리가 마땅히 어떤 존재가 되어야 한다고 느끼지만, 아무리 노력해도 그 모습에 도달할 수 없을 때 우리를 억누르는 고독감과 불안의 무게를 표현하기에 더없이 완벽한 비유입니다.

예를 들어 봅시다. 오늘날의 사회는 우리에게 항상 몸매를 가꾸고, 생산적이며, 부유하고, 성공적인 사람이 되어야 한다고 말합니다. 만약 우리가 그렇지 못하다면, 그것은 전적으로 우리의 잘못이라고 이야기하죠. 우리는 더 많은 시간을 헬스장에서 보내고, 더 열심히 일하며, 더 나은 성과를 내야만 합니다. 하지만 아무리 애를 써도, 우리는 좀처럼 그 기준에 도달하지 못합니다. 때때로 우리는 부끄러움을 느끼거나 깊은 실망감에 빠집니다. 왜냐하면

우리의 모든 노력에도 불구하고 그 이상적인 기준들은 여전히 저 멀리 아득한 신기루처럼 남아 있기 때문입니다. 이제 그 낙타가 어떤 심정일지 분명히 이해가 되실 겁니다.

  우리는 그 비유를 읽고 왜 우리가 무거운 짐들을 짊어지기로 동의하는 순종적인 동물이 되기로 선택하는지 이해할 준비가 되었습니다. 맞습니다: 그것을 선택하는 것은 우리 자신입니다. 우리는 무의식적으로 그것이 우리에게 가장 좋은 것이라고 믿기 때문에 그렇게 합니다.

  우리는 이제 니체의 말을 읽고, 왜 우리가 그토록 무거운 짐들을 스스로 짊어지기로 동의하는 순종적인 동물이 되기를 선택하는지 이해할 준비가 되었습니다. 그렇습니다. 그것을 선택하는 것은 바로 우리 자신입니다. 우리는 무의식적으로 그것이 우리에게 가장 좋은 것이라고 믿기 때문에 그렇게 하는 것입니다.

  아래에는 니체가 낙타의 입을 통해 말하게 하는 세 가지 문장이 제시되어 있습니다. 이 문장들은 우리가 삶에서 짊어질 수 있는 세 가지 유형의 짐을 나타내며, 심리학은 지난 수십 년 동안 이러한 짐들에 대해 연구해 왔습니다.

자신의 장점 숨기기:
너는 겸손해야 한다

> 무엇이 무거운가? … 자신의 오만함에 상처를 입히기 위해 스스로를 낮추는 것이 아닌가! 자신의 지혜를 조롱하기 위해 자신의 어리석음을 드러내는 것이 아닌가?*

우리는 가능한 한 겸손해지려고 애쓸 때마다, 마치 우리의 장점들에 대해 사과라도 하려는 듯 스스로의 결점들을 부각시키고 필요 이상으로 그것들을 과장함으로써 자신의 어깨에 짐을 하나 더 얹습니다. 예를 들어, "자네는 반에서 최고일세!"와 같은 칭찬을 들었을 때, "저는 그저 공부에 엄청나게 많은 시간을 쏟아붓는 것뿐이에요. 제대로 된 사회생활도 못 하고 말이죠."라거나 "아닙니다, 루치아가 저보다 훨씬 더 뛰어납니다."와 같이 대답하는 경우가 바로 그런 예입니다.

언뜻 보기에는 직관에 어긋나는 행동처럼 보일 수 있지만, 깁슨(Gibson)과 자하우(Sachau)의 연구**가 보여 주듯이, 우리는

---

* 프리드리히 니체,『차라투스트라는 이렇게 말했다. 모두를 위한, 그리고 아무도 위하지 않는 책 (Così parlò Zarathustra. Un libro per tutti e per nessuno)』,『프리드리히 니체 전집 (Opere di Friedrich Nietzsche)』6권, 1부, 아델피, 밀라노 1986, 23쪽.

** 브라이언 깁슨, 다니엘 자하우,『자기 제시 전략으로서의 샌드배깅: 실제보다 자신을 낮춰 주장하기(Sandbagging as a Self-Presentational Strategy: Claiming to Be Less than You Are)』,『성격 및 사회 심리학 회보 (Personality and Social Psychology Bulletin)』2000, 26(1), 56-70쪽.

자신의 자존감을 보호하기 위해 이처럼 행동합니다.

만약 누군가가 우리를 매우 뛰어난 능력을 가진 사람이라고 생각한다면, 그 순간부터 그들은 우리에게 높은 기대를 걸게 될 것입니다. 이것은 종종 불리하게 작용하는데, 왜냐하면 만약 우리의 다음 성과가 훌륭하더라도 아무도 우리를 칭찬하지 않을 것이기 때문입니다. 우리는 그저 다른 사람들이 기대했던 바를 해냈을 뿐이니까요. 반면에 실패라도 하게 되면, "내가 생각했던 것만큼 자네가 그렇게 대단한 인물은 아니었군."이라는 말을 들을 수도 있습니다. 이러한 상황에서 우리의 자존감은 얻을 것은 아무것도 없고 오직 잃을 것만 있을 뿐입니다.

하지만 만약 우리가 다른 사람들의 기대를 의도적으로 낮춘다면, 실패하더라도 아무도 실망시키지 않는 반면, 성공한다면 오히려 칭찬을 받을 가능성이 높아집니다. 우리의 자존감은 잃을 것은 아무것도 없고 오직 얻을 것만 있게 되는 셈이죠.

하지만 니체는 우리에게 경고합니다.

우리의 장점들을 의도적으로 축소하는 것은 다른 사람들이 우리에 대한 경쟁심을 덜 느끼게 만들어 그들이 우리에게 더 호의적으로 대하게 만들 수는 있지만, 동시에 우리가 자신의 공로에 대해 마땅히 받아야 할 인정을 받는 것을 가로막기도 합니다. 그것은 낙타의 비유가 상기

시키듯이 우리를 '스스로를 깎아내리게(mortificarci)' 만들고, 우리가 다른 사람들로부터 존경받고 인정받기를 간절히 바라면서도 정작 그렇게 되지 못하는 역설적인 상황에 처하게 합니다. 왜냐하면 우리 자신이 다른 사람들이 우리를 존경하고 인정해야 할 바로 그 이유들을 스스로 감춰버렸기 때문입니다.

잘못된 사람들:
너는 유용해야 한다

> 병들었을 때 위로하러 온 사람들을 집으로 돌려보내고, 정작 당신이 원하는 것은 결코 들어주지 않는 귀머거리들과 친구가 되는 것?*

낙타가 자신의 등에 짊어지기로 동의하는 또 다른 짐은 바로 건강하지 못한 우정이나 관계를 맺는 것입니다. 사람들이 흔히 '독이 되는(tossiche)' 관계라고 부르는 것들을 찾는 이유는 실로 다양할 수 있습니다. 여기서는 '너는 해야 한다'는 명령과 관련된 한 가지 심리적 현상, 즉 '공모(collusione)'에 대해서만 깊이 살펴보겠습니다.

공모란, 우리가 무의식적인 욕구나 자기 자신에 대해

---

* 프리드리히 니체, 『차라투스트라는 이렇게 말했다(Così parlò Zarathustra)』, 전게서, 23쪽.

가지고 있는 이미지에 부응하는 관계를 찾는 경향을 말합니다. 이론적으로는 다소 복잡한 역학이지만, 예를 통해 쉽게 이해할 수 있습니다.

줄리오라는 젊은이가 있다고 가정해 봅시다. 그는 학창 시절 뛰어난 성적을 거두었음에도 불구하고, 어머니로부터 "네 할 일을 했을 뿐이다"라는 말 외에는 어떤 칭찬이나 인정도 받지 못했습니다. 학교 공부를 잘하는 것 외에도, 그는 심한 공황 발작을 앓는 여동생 마르게리타를 살뜰히 보살폈습니다. 물론 이것이 전적으로 여동생이나, 아들을 최선의 방식으로 교육하고 있다고 확신했던 어머니의 잘못이라고 할 수는 없을 겁니다. 하지만 줄리오는 (여동생을 돌봤던 것처럼) 여성적인 존재들을 보살펴야 하지만, (어머니가 결코 그렇게 하지 않았던 것처럼) 그에 대한 어떤 보상이나 인정도 받지 못한다는 생각을 내면화하며 성장했습니다. 어른이 된 후, 그는 무의식적으로 '공모' 관계를 맺을 수 있는 상대를 찾게 됩니다. 즉, 자신에게 끊임없이 보살핌을 요구하면서도 결코 고마워할 줄 모르는 여성을 말이죠.

만약 줄리오가 자신에게 아무것도 요구하지 않으면서 그를 가치 있는 존재로 느끼게 해 주는 여성을 만난다면 어떻게 될까요? 공모 관계가 형성되지 않을 것이고, 따라서 어떤 의미 있는 유대감도 생겨나지 않을 것입니다. 이것이 바로, 니체가 주장하듯이, 왜 우리가 때때로 우리를 위

로 하러 온 사람들을 집으로 돌려보내고 정작 우리의 말에는 귀 기울이지 않는 사람들과 친구가 되는지를 설명해 줍니다. 다른 사람들에 대해 오직 의무감만을 느낀다고 생각할 때, 당신은 그들이 짊어지고 싶어 하지 않는 짐들을 떠맡으며 '유용한 존재'가 되는 데에만 집중하게 됩니다. 정작 당신 자신이 진정으로 원하는 것이 무엇인지는 스스로에게 묻지도 않은 채 말입니다.

너는 있는 그대로 괜찮지 않아: 너는 사랑을 얻어 내야만 한다

> 우리를 경멸하는 자들을 사랑하고, 우리를 두렵게 만들려는 유령에게 손을 내미는 것?*

이 부분은 앞서 다룬 내용과 유사해 보일 수 있지만, 중요한 차이점이 있습니다. '귀머거리들과 친구가 되는 것'은 우리의 필요를 전혀 고려하지 않는 사람들에게 다가가는 것을 의미합니다. 반면에, '우리를 경멸하는 자들을 사랑하는 것'은 자기 자신을 폄하하는 방향으로 한 걸음 더 나아가는 것입니다.

---

* 프리드리히 니체, 『차라투스트라는 이렇게 말했다(Cosi parlò Zarathustra)』 전게서, 23쪽.

만약 우리가 아무도 있는 그대로의 우리를 사랑하지 않을 것이라고 생각한다면, 우리는 다른 사람들이 원하는 존재가 되기 위해 모든 수단을 동원하여 어떻게든 약간의 사랑이라도 '얻어 내려고' 애씁니다. 불행히도, 이러한 노력은 결코 성공하지 못합니다. 설령 다른 사람들이 우리에게 긍정적으로 반응하는 것을 알아차린다 하더라도, 우리는 속으로 이렇게 되뇔 뿐입니다. "그들은 진정한 나 때문에 나를 좋아하는 것이 아니야. 내가 그들을 위해 해 주는 것 때문에, 혹은 내가 연기하는 모습 때문에 나를 좋아하는 것일 뿐이지." 그렇게 우리는 우리를 진정으로 알지 못하는 사람들과 관계를 맺게 됩니다. 애초에 우리가 그들에게 진정한 자신을 보여 줄 기회를 주지 않았으니까요. 우리는 만약 그들이 우리의 본모습을 본다면, 그들이 우리 곁을 떠날 것이라고, 우리를 경멸할 것이라고 확신합니다.

사랑을 '얻어 내기' 위해, 우리는 다른 사람들이 원하는 이상적인 모습이 되려고 발버둥 치지만, 바로 있는 그대로의 우리를 보여 주지 않기 때문에, 우리는 결코 진정으로 사랑받고 받아들여진다고 느끼지 못할 것입니다. 그리고 결국 우리는 '우리를 두렵게 만들려는 유령에게 손을 내미는' 처지가 되고 맙니다. 이것이 바로 니체의 낙타가 짊어진 마지막 짐입니다. 그리고 가장 문제적인 짐이기도 하죠.

어쩌면 당신은 이 글을 읽으면서 당신의 어깨 위에 이러한 짐들 중 하나 이상이 놓여 있다는 것을 깨달았을지도 모릅니다. 혹은 전혀 다른 종류의 짐을 지고 있다고 생각할 수도 있겠죠.

어느 쪽이든, 한 가지 주목해야 할 세부 사항이 있습니다. 당신이 지금까지 읽은 모든 문장(낙타의 말)은 물음표로 끝난다는 점입니다. 그것들은 모두 니체가 낙타의 입을 통해 던지는 첫 번째 위대한 질문, 바로 이 질문에 달려 있기 때문입니다.

> 오, 강인한 영혼들이여! 이 세상 가장 무거운 것이 대체 무엇이기에, 내가 그것을 기꺼이 짊어지고 나의 강인함을 만끽할 수 있단 말인가?*

거기서부터, 가장 무거운 것을 찾기 위한 탐색이 시작됩니다. 그것은 어쩌면 스스로를 낮추는 것일까요? 우리의 말에 귀 기울이려 하지 않는 사람들과 친구가 되는 것일까요? 우리를 두렵게 만들려는 유령에게 손을 내미는 것일까요?

만약 당신의 어깨를 짓누르는 짐이 무엇인지 아직 알지 못한다면, 다음과 같은 생각들을 자주 하는지 스스로에게

---

*프리드리히 니체, 『차라투스트라는 이렇게 말했다(Così parlò Zarathustra)』 전게서, 23쪽.

물어보십시오. "나는 내가 강하다는 것을 안다. 왜냐하면 이렇게 힘든 상황은 정말 강한 사람만이 견딜 수 있기 때문이다." 또는 "이것은 어려운 상황이지만, 나는 이 경험이 나를 더욱 강하게 만들 것이라는 것을 안다."

니체가 말했듯이, 우리가 짊어지는 가장 큰 짐은 언제나 역설적이게도 우리 자신의 강인함을 느끼며 기뻐하게 만드는 바로 그 짐입니다.

그리고 바로 그 '너는 해야 한다'는 폭압 아래서 우리가 발전시킨 바로 그 힘이, 장차 '나는 하고 싶다'는 의지의 전쟁에서 승리하는 데 도움을 줄 것입니다. 하지만 이것은 니체의 여정, 그 두 번째 부분에서 자세히 살펴보게 될 것입니다.

니체의 두 번째 삶: 사자

"도대체 어젯밤에 무슨 일이 있었던 거지? 어제와는 완전히 다른 사람 같아."

한 학생이 말했습니다.

"아무래도 의사를 불러야 할 것 같아. 저러다 강의가 끝나기 전에 쓰러지시겠어."

그의 옆자리 친구가 속삭였어요.

니체 교수는 그들의 말을 전혀 듣지 못하는 듯, 자신의 강의 노트에 적힌 글자들을 해독하려는 시도에 온통 정신이 팔려 있었습니다. 그는 코가 닿을 듯 페이지에 얼굴을 파묻고, 단어 하나하나를 아주 느리게, 긴 간격을 두고 발음했습니다. 지끈거리는 편두통을 가라앉히고 강의를 이어갈 마지막 힘을 그러모으기 위해, 그는 필사적으로 호흡을 조절하려 애썼지요.

그는 스물다섯 살 때입니다.

그 나이의 니체는 마치 흑백 필름 속의 삶을 살고 있었어요. 어떤 날들은 눈부시게 빛났죠. 그런 날 그의 강의실에 들어선 학생들은, 마치 플라톤이 대학 안뜰에서 자신들을 기다리고 있기라도 한 것처럼 그리스어가 생생하게 살아 숨 쉬는 언어라고 느끼게 만드는, 총명하고 매력적인 젊은 교수를 마주할 수 있었습니다. 그리고 또 다른 날들에는, 짙은 어둠만이 존재했어요.

시력은 계속해서 나빠졌고, 반복되는 편두통과 만성 위염은 그의 기력을 앗아갔습니다. 그는 간신히 강의를 이어갔고, 무엇보다도 그는 대체 자신이 왜 여기에 있는지, 왜 스무 살은 더 늙어 보이게 만드는 답답한 옷을 입고, 아무런 공통점도 없는 저명한 대학 교수들 사이에 끼어 바젤에 있는지 끊임없이 자문했지요. 그는 그들의 저녁 식사 초대를 거절할 온갖 핑계를 찾았고, 대부분의 시간을 홀로 연구에 몰두

하며 보냈습니다.

이것이 과연 성공적인 경력을 쌓아 가는 과정일까, 아니면 그저 귀중한 시간을 낭비하고 있는 것일까?

'네가 배운 존재가 되어라.' 그것은 고대 그리스 시인 핀다로스(피티아 제2가, 72행)의 시구 중 그가 가장 아끼는 구절 중 하나였습니다. 하지만 학기가 거듭될수록, 그는 자신이 결코 진정한 의미의 학자가 아니며, 그렇게 되고 싶지도 않다는 사실을 더욱더 절실히 깨달았어요.

그가 가장 친한 친구였던 에르빈 로데에게 쓴 편지에는 이렇게 적혀 있었습니다.

"나를 가장 무겁게 짓누르는 것은, 언제나 어떤 역할을 연기해야만 한다는 사실이다. 교사라는 역할, 문헌학자라는 역할, 한 명의 성인 남자라는 역할 말이다."*

다른 사람이었다면, 그의 자리에서 결국 삶이란 그런 것이라고, 사람은 결코 100퍼센트 자기 자신으로만 살 수는 없으며 적절한 타협점을 찾아야 한다고 생각했을지도 모릅니다. 그들은 아마 대학 교수라는 자리를 지키기 위해 손톱과 이빨까지 동원했을 것이고, 동료들의 시시한 저녁 식사 초대도, 의례적인 미소도, 술집에서의 공허한 잡담도 기꺼이 받아들였을 테죠.

하지만 그의 어머니 프란치스카가 이미 여러 해 전에

---

* 1870년 2월 편지, 니체 아카이브.

간파했듯이, 세상에는 '다른 모든 사람들'이 있었고, 그리고 그들과는 전혀 다른 프리드리히 니체가 있었습니다.

의례적인 미소는 머지않아 깊은 원한과 격렬한 다툼으로 변질될 운명이었지요.

로데에게 그 편지를 쓴 지 불과 2년 후, 니체는 『비극의 탄생』을 출판했는데, 이는 당대의 학자들이 고대 그리스를 연구하는 방식에 대한 노골적인 공격이었습니다. 말할 필요도 없이, 그 후로 그의 동료 중 누구도 그를 더 이상 저녁 식사에 초대하지 않았어요.

이 시점에서, 그의 용감한 선택이 결국 보상을 받았고, 마침내 자신이 진정으로 느끼는 바를 행한 후에 자유롭고 만족스러운 감정을 느꼈다고 이야기할 수 있다면 얼마나 좋을까요. 하지만 진실은, 『비극의 탄생』이 문헌학에 대해 아무것도 이해하지 못하는 어떤 광신자의 헛소리로 치부되었고, 몇 달 지나지 않아 사람들의 기억 속에서 완전히 잊혀졌다는 것입니다. 다음 학기가 시작되었을 때, 니체 교수는 자신의 강의에 등록한 학생이 단 두 명뿐이라는 냉혹한 현실을 깨달았습니다.

그는 자기 자신에게 모든 것을 걸었고, 보기 좋게 패배한 것입니다.

이것이야말로 한 인간이 겪을 수 있는 최악의 패배가 아닐까요?

왜 우리는
패배의 위험을 무릅쓰는가

종종 일들은 우리가 상상했던 대로 흘러가지 않습니다. 특히 내적인 투쟁에 관련된 경우는 더욱 그렇습니다.

우리가 '너는 해야 한다'는 의무감에 억눌려 있다는 것을 깨닫는 순간, 우리는 그것으로부터 벗어나는 것이 얼마나 멋질지 공상하기 시작합니다. 우리는 스스로를 위해 단호하게 싸우고, 마침내 우리를 짓눌렀던 짐들에서 벗어나 가볍고 행복해지는 모습을 상상합니다.

하지만 현실은 그렇지 않습니다. 적어도, 즉각적으로 그렇게 되지는 않습니다. 니체는 기꺼이 싸움을 선택했지만, 그 결과는 실망과 고립뿐이었습니다.

앞으로 살펴보겠지만, 이것은 필요한 과도기적 과정입니다. 우리는 이 과정을 마주할 준비를 해야 하며, 만약 일정 기간 동안 깊은 절망감에 빠지더라도, 그것이 우리가 모든 것을 잘못했기 때문이 아니라는 사실을 깨달아야 합니다. 그것은 우리가 니체가 '사막'이라고 정의한 그 한가운데에 있기 때문일 겁니다. 우리를 짓누르는 것들에 맞서 싸울 만큼 충분히 강하지만, 아직 진정한 우리 자신이 될 준비는 되지 않은 상태인 것이죠.

이것이 바로 사자의 상태입니다.

영혼은 사자가 되어, 자유를 쟁취하고 자기만의 사막에서 주인이 되기를 원한다… 위대한 용과 싸워 이기기를 열망한다. 영혼이 더 이상 자신의 주군이나 신으로 부르기를 원치 않는 그 위대한 용은 대체 무엇인가? 그 위대한 용의 이름은 '너는 ~해야 한다(Tu Devi)'이다. 하지만 사자의 영혼은 '나는 하고 싶다(Io Voglio)'라고 외친다. '너는 해야 한다'는 금빛으로 번쩍이며, 비늘 덮인 짐승의 모습으로 사자의 길을 가로막고, 그 모든 비늘 하나하나에는 금빛 '너는 해야 한다'가 새겨져 빛나고 있다. 이 비늘들 위에는 수천 년 묵은 가치들이 빛나고 있으며, 모든 용들 중 가장 강력한 그 용은 이렇게 말한다. "모든 사물의 가치들이 내 위에서 빛나고 있다. 모든 가치들은 이미 창조되었으며, 나 자신이 바로 그 창조된 모든 가치들이다. 진실로, 더 이상 어떤 '나는 ~하고 싶다'도 존재해서는 안 된다!" 용은 이렇게 말한다. …자유를 얻고, 심지어 의무라는 이름 앞에서도 결연히 '아니오'라고 말할 수 있는 그 절대적인 거부를 위해, 바로 이것을 위해, 나의 형제들이여, 우리에게는 사자가 필요하다. *

---

* 프리드리히 니체, 『차라투스트라는 이렇게 말했다(Così parlò Zarathustra)』, 전게서, 24쪽.

니체는 '너는 해야 한다'를 '모든 용들 중 가장 강력한 용'이라고 정의합니다. 이제 그 용의 빛나는 금빛 비늘들을 하나하나 자세히 살펴보고, 어떤 심리적 메커니즘들이 그 용을 그토록 강력하게 만드는지 이해할 때가 왔습니다.

레베카의 용

레베카는 전형적인 '착한 아이'가 되어야 한다는 강박 속에서 자란 젊은 여성입니다. 그녀의 부모님은 언제나 예의 바르게 미소 짓고, 심지어 무례한 사람들에게조차 매우 친절해야 한다고 가르쳤습니다. 이러한 그녀의 성격 덕분에 주변 사람들은 모두 그녀와 함께 있을 때 편안함을 느꼈고 그녀를 좋아했습니다. 그녀의 친구들은 그녀가 그렇게까지 잘해 줄 필요가 없는 사람에게조차 '너무 착하다'고 애정 어린 놀림을 하곤 했습니다.

스스로를 되돌아보게 된 레베카는 문득 자신을 함부로 대하는 사람에게까지 늘 친절해야 한다는 사실이 너무 견디기 힘들어졌습니다. 마치 자기 자신을 존중하지 않는 것 같다는 생각 때문이었죠. 바로 그 순간, 그녀의 내면에서 용과 사자의 싸움이 시작되었습니다.

그러던 어느 날, 격렬한 토론 중에 자신을 모욕하는 동

료에게 레베카는 난생 처음으로 단호하게 맞받아쳤습니다. 그 순간, 레베카는 자신을 제대로 방어했다는 해방감과 만족감을 느껴야 마땅했지만, 현실은 정반대였습니다. 그녀는 오히려 깊은 불안감에 휩싸였습니다.

'이제 다른 사람들이 나를 다르게 보면 어떡하지? 사람들이 나와 함께 있을 때 불편해하면 어쩌지? 내가 더 이상 그들의 말처럼 '착한 사람'이 아니게 되면, 친구들이 여전히 내 곁에 있어 줄까?'

레베카는 그 말다툼을 다시 곱씹기 시작했습니다. 그녀는 자신의 동료가 얼마나 긴장하고 초조해했는지 깨달았습니다. 어쩌면 그 동료는 그녀에게 무례하게 굴 의도가 전혀 없었을지도 모릅니다. 어쩌면 그저 아주 힘든 하루를 보냈을 뿐이고, 만약 자신이 평소처럼 친절하게 대했더라면 상황이 진정되었을지도 모릅니다. 하지만 자신의 반응(다시 생각해 보니, 내 반응이 좀 지나쳤던 것은 아니었을까?)은 상황을 더욱 악화시키고 말았습니다. 갑자기 그녀는 죄책감에 휩싸였고, 손톱을 물어뜯으며 5분을 보낸 후, 모든 것을 바로잡기 위해 동료를 찾아 나섰습니다.

그녀는 동료에게 커피를 권하며 어떻게 지내는지 물었습니다. 실제로, 그 동료는 정말로 힘든 하루를 보낸 상태였습니다. 레베카는 그녀를 위로했고, 사무실을 나온 후에는 가장 친한 친구에게 전화하여 그날 있었던 일을 자세히 이

야기했습니다. 이야기를 다 듣고 난 친구는 한숨을 쉬며 말했습니다.

"그 여자 정말 못됐네! 내가 너였으면 아마 길길이 날뛰었을 거야. 넌 정말 언제나처럼 너무 착하다니까!"

안타깝게도, 용이 사자를 이기고 만 것입니다.

용의 첫 번째 무기: 내사(內射)

『도덕의 계보』에서 니체는 우리가 흔히 '양심의 목소리'라고 부르는 것이 사실은 우리를 특정한 방식으로 생각하도록 교육한 부모나 사회의 목소리가 우리 안에 자리 잡은 것에 지나지 않는다고 썼습니다. 수십 년 후, 프로이트 역시 비슷한 견해를 밝혔습니다.

어린 시절 부모님이 우리에게 했던 말들은, 시간이 흘러 우리가 우리 자신에게 하는 내면의 목소리가 됩니다. 이것은 프로이트와 그의 제자 페렌치(Ferenczi)가 연구하고 '내사(內射, introiezione)'라고 이름 붙인 심리적 과정 때문에 일어나는 현상입니다. 내사란, 간단히 말해 외부의 가치나 기준, 타인의 모습을 자신의 것으로 무비판적으로 받아들여 자기 정신세계의 일부로 만드는 것을 의미하는데, 그것이 무엇인지 더 쉽게 이해하기 위해 하나의 비유를

들어보겠습니다.

   길을 걷다가 서로 따뜻하게 포옹하고 있는 두 연인을 발견한 화가를 상상해 보십시오. 그 장면이 너무나 아름답고 인상 깊었던 나머지, 그는 그 연인들에게 자신의 거실 벽에 그리고 있는 프레스코화의 모델이 되어 달라고 간곡히 요청합니다. 그렇게 해서 프레스코화 작업이 마무리되었을 때, 화가는 깊은 만족감을 느낍니다. 그토록 보기 싫었던 텅 빈 하얀 벽에 드디어 의미 있는 무언가를 그려 넣는 데 성공했기 때문입니다.

   어린아이의 마음은 바로 그 화가와 같습니다. 아이의 마음속에는 수많은 비어있는 공간이 있고, 그 공간을 자신에게 가장 중요한 대상인 부모의 모습과 그들과의 관계, 그들의 가치관을 그린 프레스코화로 채워나가는 것은 너무나 자연스러운 과정입니다. 우리의 정신은 외부 대상(주로 부모)과 관련된 내적인 이미지를 형성하고, 이를 자기 안으로 '내사'하여 정신 구조의 일부로 만듭니다.

   이렇게 한번 우리 안에 자리 잡은 생각이나 믿음은, 마치 프레스코화가 벽의 일부가 되듯이, 우리 정신의 일부가 되어 버립니다.

   그렇게 되면, 부모님으로부터 비롯된 목소리와 우리 자신의 진정한 목소리를 구분하는 것은 마치 벽에서 프레스코화를 온전히 떼어 내는 것만큼이나 어려운 일이 되고 맙

니다. 실제로, 어디까지가 아름다운 프레스코화이고 어디부터가 원래의 벽면인지 누가 정확히 선을 그어 말할 수 있겠습니까?

한 가지 분명히 해 둘 점은, 이러한 내사 과정 자체가 무조건 부정적인 것은 아니라는 사실입니다. 오히려 그것은 우리 마음이 건강하게 발달하고 자아를 형성하는 데 반드시 필요한 과정입니다. 문제는 레베카의 경우처럼, 우리를 병들게 하고 옭아매는 '너는 해야만 한다'는 식의 강압적인 명령이나 왜곡된 가치관을 무비판적으로 내사할 때 발생합니다. 레베카는 자신의 솔직한 반응이 과장되었다고 스스로를 다그칩니다. 왜냐하면 그녀의 내면에서는 끊임없이 "너는 좀 더 친절했어야 했어"라고 속삭이는 목소리가 들려오고, 그녀는 그 목소리를 자신의 진짜 생각이라고 착각하기 때문입니다. 하지만 실제로는 그것은 어린 시절부터 그녀의 부모님으로부터 비롯되어 마음속 깊이 내사된 목소리입니다. 이것이 바로, 니체가 이미 날카롭게 간파했듯이, 우리 내면의 용, 즉 우리를 억압하는 그릇된 신념이나 두려움과 싸우는 것이 그토록 어려운 이유입니다. 마치 자기 자신과 힘겨운 싸움을 벌이고 있다는 느낌을 받기 때문입니다.

두 번째 무기: 부차적 이득

사실, 우리는 정말 우리 자신과 싸우고 있는지도 모릅니다. 아니, 적어도 '너는 반드시 해야 해'라는 강압적인 명령에 굴복하는 편이 차라리 더 이롭다고 여기는, 우리 안의 또 다른 우리와 힘겨루기를 하고 있는 것이죠.

비록 우리가 그것을 뚜렷이 인식하지 못할지라도, 대부분의 경우 그 용은 우리를 위협하기보다는 오히려 우리를 보호해 주는 역할을 하기도 합니다.

만약 레베카가 자신의 목소리를 내기 시작한다면 어떤 일이 벌어질지 한번 상상해 볼까요? 우선, 단 한 번 날카롭게 맞받아치는 것만으로는 충분하지 않을 겁니다. 그녀는 언제나 자기 자신을 존중하고 소중히 여기는 법을 배워야 할 테고, 이는 곧 모든 사람의 마음에 들기를 포기해야 한다는 의미이기도 합니다. 또한 온갖 갈등 상황을 스스로 헤쳐 나가야 하며, 누군가 자신에게 무례하게 굴 때마다 가장 친한 친구에게 전화해서 하소연하는 대신 스스로 해결해야 하는 상황에 놓이게 될 겁니다.

이러한 변화에는 엄청난 노력이 따릅니다. 언제나 모든 사람에게 친절한 소녀로 남는 것은 많은 사람들에게 호감을 살 수 있게 해 주고, 이는 곧 그녀의 자존감을 높여 주는 역할을 합니다. 다른 사람들에게 덜 맞춰주는 사람이

된다는 것은 그만큼 사람들의 호감을 덜 사게 된다는 뜻이고, 이는(비록 일시적일지라도) 자존감의 하락으로 이어질 가능성이 있습니다. 반면에 소위 '너무 착한 사람'으로 남는 것은, 갈등을 피할 수 있게 해 줄 뿐만 아니라 심지어 다른 사람들로부터 보호받는 효과까지 가져다줍니다. 사람들은 그녀를 연약하고 보호해 주어야 할 존재로 여기는 경향이 있으니까요.

불쾌한 일이 생겼을 때 가장 친한 친구에게 전화하지 않고 스스로 해결하려 노력하는 것은 그녀가 홀로 서는 데 도움이 되겠지만, 동시에 언제나 내 편이 되어 주는 누군가가 있다는 그 달콤한 안정감을 포기하는 것과 같을 겁니다.

이제 '부차적 이득'이라는 말이 무엇을 의미하는지 좀 더 분명해졌을 겁니다. 우리가 마음에 들지 않는 어떤 상황에서 벗어날 힘을 내지 못하는 이유는, 그 상황이 아무리 힘들고 고통스럽다 할지라도, 그것이 우리에게 결코 포기하고 싶지 않은 어떤 달콤한 '무언가'를 제공하기 때문일 수 있습니다.

'너는 해야 한다'는 우리에게 엄청난 안정감을 줍니다. 만약 누군가가 당신에게 무엇을 해야 할지 일일이 지시해 준다면, 당신은 더 안전하다고 느끼게 될 테니까요. 만약 당신을 든든하게 지켜 주는 용이 있다면, 당신이 굳이 힘

들게 싸우는 법을 배울 필요가 있을까요?

세 번째 무기: 변화에 대한 저항

우리 모두는 어린 시절 즐겨 보던 만화 영화나 청소년기에 열광했던 TV 드라마 시리즈에 대한 아련한 애정을 간직하고 있습니다. 마음이 울적할 때면, 한 번도 본 적 없는 새로운 영화를 찾아보는 대신, 이미 수십 번도 더 봤던 가장 좋아하는 에피소드를 또다시 보곤 하죠. 물론 시간이 흐르면서 영상 기술이나 특수 효과는 눈부시게 발전했고, 냉정하게 따져보면 우리가 그토록 아꼈던 그 드라마에는 이야기의 허점도 있고 때로는 비현실적인 설정도 있었을 겁니다. 하지만 그런 건 아무래도 괜찮습니다. 우리는 이미 그것에 깊은 정이 들어 버렸으니까요.

가령 우리가 마음이 울적할 때 한 번도 본 적 없는 새로운 영화를 감상한다면, 혹시라도 그 영화가 마음에 들지 않을 가능성이 있습니다. 더 나쁜 상황은, 예상치 못한 어떤 장면이 우리를 더욱 슬프게 만들지도 모른다는 불안감이죠. 그러니 차라리 익숙하고 편안한 그 옛날 에피소드를 다시 보는 편이 낫다고 여기는 겁니다.

이것이 바로 '변화에 대한 저항'이 나타날 수 있는 여러

방식 중 하나입니다.

우리 마음에게 모든 새로움은 곧 불확실성을 의미하고, 모든 불확실성은 곧 잠재적인 위협을 의미하기 때문입니다. 용은 언제나 그 자리에 있었고, 우리에게 익숙한 안정감을 주는 존재입니다. 바로 이 때문에, 비록 우리가 그것을 뚜렷하게 인식하지 못하고, 심지어 그 용을 몹시 싫어하는 것처럼 보일지라도, 우리 안에는 남몰래 그 용을 아끼는 또 다른 자신이 숨어 있습니다. '너는 해야 한다'는 마치 우리가 가장 좋아하는, 그래서 몇 번이고 반복해서 보는 영화의 제목과도 같은 것입니다.

만일 우리가 그 용을 처치하고, 우리를 항상 이끌어 왔던 낡은 가치들이 그 용과 함께 산산조각 나도록 내버려 둔다면, 우리에게는 과연 무엇이 남을까요? 아무것도 남지 않을 겁니다. 어떤 확실성도, 따라야 할 지침도, 의지할 기준점조차도 말이죠. 그 생각만으로도 우리는 극심한 공포에 휩싸입니다. 그 두려움은 너무나 커서, 많은 사람들은 감히 그 공포에 정면으로 맞서지 못하고 평생 동안 무거운 짐을 진 낙타로 남아 있기를 택합니다.

니체는 우리가 어떤 상황에 처하게 될지 잘 알고 있습니다. 그는 우리가 고독과 공허함, 모든 것을 잃었다는 절망감을 겪게 되리라는 사실을 알고 있습니다. 우리가 '너는 해야 한다'는 낡은 명령에 맞서 '나는 하고 싶다!'라고

외칠 때, 정작 그 문장을 어떻게 끝맺어야 할지 몰라 스스로 어리석다고 느끼게 되리라는 사실도 알고 있습니다. 니체 자신처럼, 우리는 우리 자신에게 모든 것을 걸었고 결국 패배했다는 쓰라린 감정을 맛보게 될지도 모릅니다.

"대체 어디로 가려고 했던 거지?"

우리는 스스로에게 이렇게 물을 겁니다.

"세상을 완전히 뒤엎어 버리고 싶었나? 글쎄, 결과는 이거야. 모든 것을 파괴해 버렸지. 그리고 이제 뭘 어찌해야 할지 전혀 모르겠군."

우리가 우리의 낡은 세계가 무너져 내린 잔해 더미 속에 서 있을 때, 과거의 우리와 아직 무엇도 되지 못한 미래의 우리 사이의 그 어정쩡한 과도기에 놓여 있을 때, 우리는 비로소 사자란 파괴하기 위해 태어난 존재이지, 무언가를 건설하기 위해 태어난 존재는 아니라는 사실을 깨닫게 될 것입니다.

그 황량한 사막에서 벗어나기 위해서는, 우리에게 또 한 번의 새로운 탈바꿈이 필요할 겁니다.

니체의 세 번째 삶:
자신의 목소리를 발견하기

첫 만남에서 자연스럽게 말을 건네기란 누구에게나 어려운 일입니다.

니체 역시 그날 오후 산 피에트로 대성당*에서 만나기로 한 젊은 여성, 루 살로메에게 좋은 인상을 주기 위해 몇 마디 말을 미리 준비해 두려 애썼지요.

그의 친구 파울이 그녀에 대해 오랫동안 이야기해 주었기 때문입니다. 그녀는 매우 지적이고 철학을 사랑했으며, 자신을 둘러싼 온갖 소문 따위에는 전혀 개의치 않는 여성이었습니다.

이제 니체가 직접 마주한 그녀는, 아름답기까지 했습니다. 그가 멀리서 그녀를 부르자 그녀가 돌아보았습니다. 그녀의 푸른 눈동자가 니체의 두꺼운 안경알 속에 담긴 그의 시선과 마주쳤을 때, 그는 낮은 목소리로 물었어요.

"우리는 대체 어떤 별들의 인도로 이곳에서 이렇게 마주치게 된 것일까요?"

조금은 느끼한 대사였음이 분명하죠. 하지만 여자들은

---

*산 피에트로 대성당(Basilica di San Pietro in Vaticano). 바티칸 시국에 위치한 가톨릭의 총본산으로, 세계에서 가장 큰 규모의 성당이다. 미켈란젤로, 베르니니 등 르네상스와 바로크 시대를 대표하는 거장들이 건축과 설계에 참여하여 예술적, 종교적으로 압도적인 공간감을 자아낸다.

낭만적인 분위기를 좋아하잖아요.

"전, 취리히에서 왔는데요."*

그녀가 퉁명스럽게 대답했습니다. 루 살로메가 낭만적인 수사를 그다지 좋아하지 않는다는 사실은 그 순간 명백해졌고, 두 달 후에는 니체가 그녀를 사랑하고 있다는 사실 또한 분명해졌습니다. 그들을 소개해 준 친구 파울 역시 루에게 마음을 품고 있었습니다. 두 남자 모두 그녀에게 청혼했지만, 둘 다 거절당했습니다. 대신, 그녀는 그들 세 사람이 함께 살자고 설득했고, 이는 그들의 지인들 사이에서 커다란 스캔들을 불러일으켰습니다. 니체의 가족들은 격분했습니다. 이러한 기묘한 관계를 한 장의 사진으로 남기자는 아이디어를 낸 것은 바로 니체 자신이었습니다. 사진 속에서 루는 채찍을 손에 들고 마차 위에 앉아 있었고, 두 남자는 말 대신 마차를 끌고 있었습니다. 그들의 관계만큼이나 파격적이고 소문나기 좋은 사진이었지요. 그들은 그 상황을 즐겼다고 합니다.

1882년 여름은 니체에게 일종의 부활과도 같은 순간이었습니다. 그는 마침내 자신과 비슷한 영혼을 가진 사람을 만났고, 그의 삶은 비로소 올바른 방향으로 나아가는

---

* 루 살로메가 니체를 만나기 위해 온 취리히는 스위스 최대 도시이다. 공교롭게도 두 사람이 만난 바티칸은 취리히와 역사적 인연이 깊다. 교황 율리우스 2세의 요청으로 1506년에 창설된 스위스 근위대의 첫 파견 용병들이 바로 취리히와 루체른 출신이었기 때문이다.

듯했습니다. 적어도 가을이 오기 전까지는 말이죠. 그때 루와 파울은 그를 남겨두고 함께 떠나기로 결정했습니다.

다시 한번 그의 삶에는 이미 오래전부터 드리워진 저주처럼 보이는 운명이 되풀이되었습니다. 한쪽에는 다른 모든 사람들이 있었고, 다른 한쪽에는 언제나 그가 있었습니다. 홀로.

"오늘따라 권총 한 자루가 내게 비교적 유쾌한 상상을 불러일으키는군."

그가 친구 오버벡에게 쓴 편지의 한 구절입니다.

"만약 내가 연금술사들처럼 이 진창을 황금으로 바꾸는 데 성공하지 못한다면, 나는 완전히 파멸하고 말 걸세."*

그의 모든 철학, 그의 모든 노력은 허무하게만 느껴졌지요. 그 무엇도 그를 위로하거나 나아지게 할 수 없었어요. 결국, 그는 언제나 똑같은 진창 속으로 다시 떨어지곤 했습니다. 하지만 그렇게 넘어지고 또 넘어지는 과정 속에서, 무언가가 조금씩 변하기 시작하고 있었어요.

니체는 아직 그것을 알지 못했지만, 그는 끝없이 추락하고 있는 것이 아니었습니다. 그는 서서히, 아주 서서히 다시 떠오르고 있었습니다.

몇 달 후, 그는 오늘날 그의 가장 중요한 저작으로 평가받는 『차라투스트라는 이렇게 말했다』를 마침내 출판하

---

* 1883년 2월 11일 편지, 니체 아카이브.

니체 275

는 데 성공했습니다.

나는 영원히 진흙 속에 빠질 것인가?

우리는 보통 문제 해결 과정을 직선적으로 생각하는 경향이 있습니다. 문제가 발생하면, 해결책을 찾기 위해 애쓰고, 마침내 그것을 찾아내면 문제는 해결된다고 믿는 것이죠.

하지만 우리 안의 가장 인간적인 부분은 이 과정을 훨씬 더 복잡하게 만듭니다. 설령 해결책을 찾았다 하더라도, 우리가 그것을 반드시 실천에 옮기는 것은 아니며, 한번 실천했다 하더라도 앞으로도 항상 그렇게 하리라는 보장은 없습니다.

개선으로 나아가는 길은 결코 직선적이지 않습니다. 그 길은 수많은 퇴보, 혹은 더 정확히 말해 '회귀'로 가득 차 있습니다.

이러한 현상은 우리가 어떤 새로운 능력이나 방식을 습득했을 때, 오히려 그 변화에 대한 두려움을 느끼고 예전에 익숙했던 방식으로 돌아가려 하기 때문에 발생합니다. 그 결과, 우리는 한동안 상황이 나아지는 듯하다가 다시 악화되는 경험을 하게 되고, 결국 아무런 진정한 발전도

이루지 못한 채 그저 헛된 희망만 품었던 것이라고 생각하게 됩니다.

이것은 결코 의지박약의 문제도, 완전한 실패도 아닙니다. 정신분석학자 맥윌리엄스가 지적하듯이, 이것은 성장의 과정에서 나타나는 지극히 자연스러운 순간입니다.

깊은 절망감에 빠져 있을 때, 우리는 이 사실을 기억해야 합니다. 때로는 우리가 얼마나 먼 길을 걸어왔는지 깨닫기 위해 뒤를 돌아보는 시간이 필요하다는 것을요. 회귀 현상은 바로 우리가 과거를 돌아보며 그곳에 너무 오래 머물러 있을 때 일어납니다.

과거를 되돌아보는 것은 또한 우리 과거의 모든 부분을 무가치한 것으로 치부하고 불태워 버리려는 실수를 피하는 데에도 도움이 됩니다. 사자의 용맹함으로 충만해 있을 때는, 과거의 모든 것을 바꾸고 낡은 것들을 깨끗이 청소해 버리고 싶은 유혹을 느끼기 쉽습니다. 하지만 우리 삶의 폐허 속에서도, 분명 구해낼 가치가 있는 무언가가 남아 있기 마련입니다.

그것이 무엇인지는 니체 자신이 우리에게 말해 줍니다.

> 하지만 우리는 어떻게 우리 자신을 다시 찾을 수 있을까? 인간은 어떻게 자기 자신을 알 수 있단 말인가? … 가장 중요한 질문을 던지는 방법이 하나

있다. 젊은 영혼이여, 그대의 삶을 되돌아보고 물어보라. 지금까지 무엇을 진정으로 사랑했는가, 무엇이 그대를 그토록 끌어당겼는가, 무엇이 그대를 지배했고 동시에 그대를 행복하게 만들었는가?*

심리학자 미하이 칙센트미하이는 아마도 니체의 『교육자로서의 쇼펜하우어』를 읽어 보지 않았을지도 모르지만, 그는 평생을 바쳐 사람들이 무언가를 사랑하고, 그것에 깊이 매력을 느끼며, 마치 그것에 지배당하는 듯한 동시에 더없는 행복감을 느끼게 하는 '몰입(flow)'이라는 감각을 연구했습니다.

몰입 상태에 도달한 사람들은 시간 가는 줄 모르고 자신이 하고 있는 일에 너무나 깊이 빠져들어 다른 모든 것을 잊어버립니다. 다른 어떤 것도 존재하지 않는 듯한 느낌이죠. 그들은 행복하고, 자신이 따라야 할 명확한 방향이 있음을 느낍니다.

우리 모두, 단 한 사람도 예외 없이, 이러한 몰입의 상태를 경험해 본 적이 있습니다. 하지만 어떤 이들에게는 그것이 그저 아득한 옛 기억일 뿐이고, 또 어떤 이들은 그런

---

* 프리드리히 니체, 『교육자로서의 쇼펜하우어(Schopenhauer come educatore)』, 아델피, 밀라노 1973, 6쪽.

경험을 했었다는 사실조차 까맣게 잊어버렸을지도 모릅니다.

그리고 거기에는 그럴 만한 이유가 있습니다.

마지막 변태

우리 모두가 어렸을 때 틀림없이 해 봤을 한 가지가 있습니다. 바로 그림 그리기입니다. 우리는 만화 영화 속 주인공들을 그렸고, 우리 가족을 그렸으며, 우리가 키우던 애완동물들을 그렸습니다. 우리는 그 그림 하나하나에 엄청난 정성을 쏟아부었고, 동시에 우리의 무한한 창의력을 마음껏 펼쳐 보였습니다. 이제 당신 앞에, 바로 그 어린 시절의 당신이 앉아 그림을 그리고 있다고 상상해 보십시오. 그리고 당신이 그 아이에게 다가가 이렇게 묻는다고 생각해 보십시오.

"그런데 이 그림을 그려서 대체 뭘 할 거니?"

정말이지 끔찍한 질문 아닙니까? 마치 그 그림의 가치가 아이가 그것을 그리는 동안 느끼는 순수한 기쁨이나 감동에 있는 것이 아니라, 오로지 그것이 앞으로 어떤 실질적인 쓸모가 있느냐 없느냐에 달려 있다고 말하는 것과 같으니까요.

만약 그 그림이 어딘가에 '쓸모' 있는 것이 아니라면, 애초에 그릴 가치조차 없다는 투로 말입니다.

이런 질문을 받은 아이가 과연 이전과 똑같은 열정으로 그림을 그릴 수 있을까요? 분명히 아닐 겁니다.

이것이 바로 많은 어른들이 더 이상 어린 시절에 경험했던 그 순수한 몰입의 상태에 들어가지 못하는 이유입니다. 어른들의 세계는 온통 "그래서 그걸로 뭘 할 건데?"라는 질문으로 지배당하고 있기 때문입니다.

만약 당신이 그림 그리기를 좋아한다면, 당신의 그림을 팔아서 돈을 벌거나 아니면 당신은 그저 실패한 화가일 뿐입니다. 만약 당신이 노래 부르기를 좋아한다면, 당신은 유명 가수가 되거나 아니면 당신의 재능은 아무런 가치도 없는 것이 되어 버립니다.

이것이 대부분의 어른들이 세상을 바라보는 방식입니다. 바로 '성과'의 세계인 것이죠. 우리의 소중한 재능들은 우리가 끊임없이 평가받고, 자격 미달이며, 결코 충분히 잘하지 못한다고 느끼기 때문에 시들어 버립니다. 그리고 설령 우리가 충분히 뛰어나다 하더라도, 내일은 그렇지 못할까 봐 두려워하고, 우리가 이미 이룬 것들을 잃을까 봐 전전긍긍하며 살아갑니다. 재능은 더 이상 그 자체로 가치 있는 것이 아니라, 사회적인 인정이나 돈을 얻기 위한 수단으로 전락해 버립니다. 그렇게 모든 재능은 더 이

상 선물이 아니라 무거운 짐이 되어 버리고, 우리는 그 짐을 내려놓을 때 오히려 더 가볍다고 느끼게 되는 것입니다.

니체의 질문으로 다시 돌아가 봅시다.
"지금까지 무엇을 진정으로 사랑했는가, 무엇이 그대를 그토록 끌어당겼는가, 무엇이 그대를 지배했고 동시에 그대를 행복하게 만들었는가?"
당신은 그 답을 알고 있을 수도 있고, 혹은 너무나 자주 우리가 누구인지 잊게 만들려는 그 모든 '하지만 그것으로 뭘 할 건데?'라는 질문들 아래 깊이 묻혀 있어서 더 이상 기억하지 못할 수도 있습니다.
사자의 힘은 우리가 아닌 것에 반항하는 데 필요했지만, 진정한 우리 자신이 되기 위해서는, 니체가 우리에게 가르쳐 주듯이, 한 명의 어린아이로 다시 태어나야 합니다.

> 하지만 형제들이여, 말해 보라. 파괴적인 사자조차 해내지 못하는 일을 아이는 어떻게 해낼 수 있는가? 그 약탈자 사자가 어찌하여 아이가 되어야만 하는가? 아이는 순수함 그 자체이자 과거를 잊는 존재이며, 새로운 시작이자 놀이요, 스스로 굴러가는 수레바퀴이며, 최초의 움직임이자 존재를 향한 거룩한 긍정의 선언이다. 그렇다, 창조라는 놀이를

위해서는, 형제들이여, 이 거룩한 긍정의 외침이 필요하다. 이제 영혼은 자신의 의지를 갈망하고, 낡은 세계를 떠난 자는 비로소 자신의 세계를 되찾는다.*

아이는 그림이 무엇에 쓰이는지 묻지 않습니다. 그저 그릴 뿐입니다. 만약 춤추고 싶으면, 그냥 춤을 춥니다. 춤추는 것이 정말로 자신에게 맞는 일인지, 아니면 다른 것에 더 힘써야 하는 것은 아닌지 고민하지 않습니다. 그냥 춥니다. 그뿐입니다. 춤추고, 그리고, 놉니다. 그렇게, 자신도 모르는 사이에, 춤과 그림과 놀이가 가득한 자신만의 세계를 창조합니다.

그것은 낙타가 머물렀던 황량한 사막과는 전혀 다른 세계입니다.

왜냐하면 그곳의 가치들이 다르기 때문입니다. 순종이나 과도한 의무감과 같은 낙타의 가치들은 우리를 소진시키고 꺼뜨립니다. 반면에 창의성이나 자기표현과 같은 아이의 가치들은 우리를 기분 좋게 만듭니다. 생각해 보면, '가치(valore)'라는 단어 자체가 라틴어 'valeo', 즉 '나는 건강하다, 나는 잘 지낸다'에서 유래했습니다.

---

* 프리드리히 니체, 『차라투스트라는 이렇게 말했다(Così parlò Zarathustra)』, 전게서, 49쪽.

그렇다면 우리가 아이처럼 된다면 영원히 잘 지낼 수 있다는 의미일까요?

만약 '잘 지낸다'는 것이 결코 슬픔을 느끼지 않는다는 것을 의미한다면, 대답은 '아니요'입니다. 니체 자신도 『차라투스트라는 이렇게 말했다』를 쓴 이후에도 매우 고통스러운 삶을 살았습니다. 하지만 만약 그것이 우리 자신과 편안하게 지내고 우리의 가장 깊은 내면과 대화하는 것을 의미한다면, 그 대답은 니체 자신이 그의 자서전 『이 사람을 보라(Ecce homo)』에서 쓴 다음의 말들 속에 있습니다.

> 마치 오랫동안 땅속 깊이 묻혀 있었던 것처럼, 혹은 끊임없이 타인의 목소리에 귀 기울여야 했기에 끝내 침묵을 강요당했던 것처럼 여겨졌던 나의 가장 깊은 자아가… 마침내 더디고 소심하게, 반신반의하는 가운데서도 서서히 깨어나, 다시금 자신의 목소리를 내기 시작했다.*

---

* 프리드리히 니체, 『이 사람을 보라. 어떻게 자기 자신이 되는가(Ecce homo. Come si diventa ciò che si è)』, 아델피, 밀라노 1991.

결론

피히테가 잘 알고 있었듯이, 사람들을 서로 연결하는 보이지 않는 끈이 존재합니다.

저는 또한 세상 속에서 자신의 자리를 찾지 못한다고 느끼는 모든 이들을 연결하는 특별한 끈이 존재한다고 확신하며, 그들을 괴롭히는 고독감을 조금이라도 덜어 주기 위해 이 끈에 이름을 붙여 주는 것이 좋다고 생각합니다. 그 이름은 바로 '아우토스(Autós)'입니다.

이것은 '아토포스(atopos)'와 마찬가지로 그리스어 단어이며, '자기 자신(se stesso)'을 의미합니다. 정신분석가 디에고 나폴리타니는 '동일한 것(lo stesso)'을 의미하는 '이뎀(Idem)'이라는 용어와 대립하여 이 단어를 사용했습니다.

이뎀은 외부 세계에 순응하고, 다른 사람들처럼 생각하며, 우리를 그들과 똑같이 만들려는 우리 안의 부분입니

다. 반면에 아우토스는 기존의 속박에서 벗어나 새로운 의미들을 발견하고자 하는 창조적인 부분입니다.

이 개념은 또 다른 정신분석가 안토니노 조르지에 의해 연구되었는데, 그는 아우토스가 우리의 비판 정신을 억누르고 자신들의 관점을 우리에게 강요하려는 가족 및 사회적 환경으로부터 우리를 구할 수 있다는 사실을 발견했습니다. 아우토스는 우리의 정체성, 우리의 가장 깊은 부분을 보호합니다.

우리 내면에서 이뎀이 지배적일 때 우리는 편안함을 느끼며, 다른 사람들의 생각과 완벽하게 일치한다고 느낍니다. 하지만 아우토스가 우세할 때는, 마치 니체와 쇼펜하우어가 그랬던 것처럼, 우리는 외로움을 느끼고 세상에 어울리지 못한다고 생각합니다.

그리고 바로 그들 역시 그렇게 느꼈기 때문에, 우리는 우리가 진정으로 혼자가 아니라는 사실을 압니다. 수백, 수천의 아토포이들은 과거에도 그랬고 지금도 계속해서 같은 고통과 같은 기쁨을 경험하고 있으며, 종종 서로의 존재조차 알지 못합니다. 그들은 끝없는 오디세이아 속에서 길을 잃었고, 그토록 갈망하던 집으로의 귀환은 결코 오지 않을 것처럼 보입니다. 하지만 그들은 자신들이 이미 도착했다는 사실을 깨닫지 못하고 있을 뿐입니다.

아토포스는 한곳에 묶여 있도록 만들어진 존재가 아닙니

다. 설령 몸은 멈춰 있을지라도, 마음으로는 끊임없이 여행합니다. 다른 사람들은 어떤 특정한 장소로 가기 위해 여행하지만, 아토포스에게는 여행 그 자체가 바로 그들의 자리입니다.

'우리의 집'은 플라톤이 시칠리아로 떠났던 바로 그 배이며, 쇼펜하우어가 유럽 대륙을 횡단했던 마차이고, 아리스토텔레스가 그토록 사랑했던 제비들의 날개입니다. 그러므로 우리의 집은 우리가 여행할 수 있도록 해 주는 모든 것이며, 그중에서도 가장 빠른 교통수단은 바로 우리의 마음입니다. 이것이 바로 많은 아토포이들이 철학자인 이유입니다.

우리가 함께했던 이 여정의 끝에 다다랐습니다. 이제 우리가 헤어져야 할 시간이 되었으니, 길을 떠나는 이에게 해 줄 수 있는 가장 중요한 말로 작별 인사를 대신할까 합니다.

부디, 자신을 잘 돌보시기를.

저자의 말

이 책에 서술된 이야기들은 세 가지 유형으로 나눌 수 있습니다. 첫째는 실제로 일어났거나 고대 문헌에 기록된 사건들입니다. 둘째는 이야기의 흐름을 위해 창작되었지만, 해당 철학자의 성격 및 그의 삶에서 일어났던 실제 사건들과 일관성을 유지하는 허구의 이야기들입니다. 마지막으로, 그럴듯한 가상 요소들과 실제 사실들을 결합한 이야기들입니다.

독자 여러분의 명확한 이해를 돕기 위해, 각 유형을 아래에 구분하여 명시하겠습니다.

탈레스

황금 잔에 얽힌 전체 이야기는 칼리마코스가 전하는 바를 정확히 따랐으며, 기원전 585년 5월 28일의 전투는 헤

로도토스의 기록에 근거합니다. 헤로도토스에 따르면 라비네토스와 시엔네시스가 평화 중재자 역할을 했습니다. 다만, 그가 전투 현장에 두 사람이 직접 있었다고 언급하지는 않았으므로, 이 부분은 저의 상상력이 가미된 내용입니다. 개연성은 있지만, 역사적으로 검증할 수는 없는 부분입니다.

반면에 기원전 547년의 일화는 디오게네스 라에르티오스가 언급한 내용입니다.

소크라테스

소크라테스와 아스파시아 사이의 대화는 역사적으로 검증할 수 없는 내용입니다. 다만, 소크라테스가 에로스에 관한 지식을 디오티마에게서 배웠다고 단언하고, 이 디오티마가 아스파시아와 동일 인물로 여겨지는 점을 고려하여, 플라톤의 『향연』 일부 내용을 각색하여 그와 아스파시아의 대화를 구성했습니다.

클리니아스와 소크라테스의 대화는 플라톤의 『에우티데모스』에 기록된 내용을 거의 그대로 옮겼습니다. 철학에 익숙하지 않은 독자도 쉽게 이해할 수 있도록 일부 내용을 간략하게 다듬었을 뿐입니다.

카이레폰이 델포이를 방문한 이야기는 플라톤의 기록에 나오지만, 그 방문이 구체적으로 어떤 방식으로 이루

어졌는지에 대한 묘사는 고대 그리스의 관습에 비추어 볼 때 일어났을 법한 상황을 제가 재구성한 것입니다.

반면에 소크라테스와 카이레폰의 대화, 그리고 아데이만토스와 플라톤의 대화는 제가 창작한 내용입니다. 비록 플라톤이 자신의 작품들을 가지고 디오니소스 극장 밖에서 소크라테스를 만난 것은 사실이지만, 그날이 바로 소크라테스가 델포이 신탁의 답변을 받은 날이었다는 증거는 없습니다.

플라톤

플라톤, 아데이만토스, 글라우콘 사이의 첫 대화는 제가 꾸며낸 이야기입니다. 그렇게 함으로써, 소크라테스가 왜 유죄 판결을 받았는지에 대해 여러 가지 다른 의견이 존재한다는 사실을 이야기의 형식을 통해 독자에게 알리고자 했습니다. 어떤 이들은 그가 정치적인 이유로 유죄 판결을 받았다고 주장하고, 또 다른 이들은 철학자가 아닌 사람들의 시기심 때문이었다고 말합니다. 저는 글라우콘에게 한 가지 의견을, 아데이만토스에게 다른 의견을 부여했습니다.

반면에 삼십인 정권에 관한 정보들은 모두 검증된 사실입니다.

소크라테스가 재판에서 했던 말들은 플라톤이 기록한

내용과 동일하며, 제가 약간 단순화했을 뿐입니다. 글라우콘과 아데이만토스 사이에 오간 대화들은 제가 창작한 것입니다.

아카데모스 숲에서 디온과 플라톤이 나눈 대화는 부분적으로는 실제 사실에 기반하지만, 부분적으로는 제 상상력의 산물입니다. 플라톤이 실제로 아카데모스 숲에 학교를 세웠고, 디온이 그에게 잠시 학교를 떠나 시칠리아로 가달라고 간청한 것은 사실이지만, 거의 확실하게 편지를 통해 그렇게 했을 것이며, 안타깝게도 그 편지들은 우리에게 전해지지 않았습니다.

플라톤과 디오니시오스 2세 사이의 대화 역시 마찬가지입니다. 폭군은 실제로 구실을 만들어 디온을 추방했고, 자신의 조언자들이 어떻게 생각할지 걱정하면서도 플라톤에게 자신의 곁에 머물러 달라고 간청했습니다. 플라톤은 그를 시험했고, 그는 그 시험을 통과하지 못했습니다. 하지만 정원에서의 대화 내용은 이러한 사실들에 기반한 저의 창작입니다.

이 장의 마지막에 나오는 플라톤과 아리스토텔레스의 대화는 실제로 일어난 일은 아니지만, 각주에 표시된 플라톤의 두 인용문은 사실입니다.

아리스토텔레스

아리스토텔레스와 알렉산드로스 대왕 사이의 세 가지 대화는 모두 제가 상상한 것입니다. 두 사람의 관계를 묘사하는 역사적 자료가 없기 때문입니다.

아리스토텔레스가 했던 말들(기름 판매, 키오스의 테오크리토스의 모욕, 채찍의 예시 등)은 디오게네스 라에르티오스의 기록에서 가져왔습니다. 반면에 대화 속에서 그가 표현하는 의견들은 본문에서 설명했듯이 『니코마코스 윤리학』에서 발췌한 것입니다.

알렉산드로스 대왕의 걱정거리들과 『일리아스』에 대한 그의 열정은 여러 자료를 통해 확인되는 사실이며, 아리스토텔레스가 실제로 그에게 『일리아스』 한 권을 선물했고 그가 모든 전투에 그 책을 지니고 다녔다는 사실 또한 마찬가지입니다.

세네카

세네카와 클라우디우스 사이의 대화는 꾸며낸 것이지만, 두 사람이 이야기하는 사건들(리빌라의 죽음과 메살리나의 질투)은 실제로 일어났던 일입니다. 세네카와 아그리피나 사이의 대화 역시 마찬가지입니다.

반면에 세네카와 네로의 사자 사이의 대화는 전적으로 제가 창작한 내용입니다.

피히테

한 가지 중요한 점을 분명히 해야겠습니다. 피히테와 그의 아내는 보통 그들의 두 번째 이름인 고틀립과 마리가 아니라, 요한과 요한나로 기억됩니다. 제가 후자를 사용하기로 선택한 이유는, 독자들이 피히테의 아내를 다음 장에 등장하는 쇼펜하우어의 어머니와 혼동하는 것을 피하기 위해서였습니다. 또한, 한 권의 책에 같은 이름을 가진 두 인물이 등장하는 경우는 흔치 않기 때문에, 우리가 글을 읽을 때 특정 이름에 특정한 감정을 연관 짓게 되는데, 이는 우리가 독서 중에 그 이름을 가진 유일한 인물을 만날 것이라고 당연하게 생각하기 때문입니다. 저는 일부 독자들이 피히테의 아내와 관련된 긍정적인 감정을 요한나라는 이름과 연결 지었다가, 이후 부정적인 감정을 불러일으키는 또 다른 요한나를 만나게 되면 (아주 미미한 정도일지라도) 혼란스러움을 느낄 수 있다고 판단했습니다. 따라서 저는 두 이름과 두 인물을 명확하게 구별하는 편을 선호했습니다. 요한나 마리의 두 번째 이름을 사용했으므로, 그녀의 남편인 요한 고틀립에게도 똑같이 하는 것이 옳다고 생각했습니다.

두 사람 사이의 첫 번째 대화는 실제 정보(피히테가 '사악한 자코뱅'으로 불렸고, 칸트가 정말 지루하다고 고백했다는 사실 등)를 담고 있지만, 그 배경은 제 상상력의 산물입니다. 피히테는 결

혼 생활에 대해 큰 감동과 다정함으로 이야기했기 때문에, 저는 친밀한 분위기와 격식 없는 대화들을 만들어 보기로 했습니다. 1794년 5월 30일의 장면에 관해서는, 실제 요소와 허구적인 요소를 결합했습니다. 피히테는 강의를 했고 제가 옮겨 적은 말들을 정확히 발음했지만, 두 명의 교수가 학생들 사이에 숨어 그를 상대로 음모를 꾸몄다는 증거는 없습니다. 많은 교수들이 그를 좋게 보지 않았고 그를 사임하도록 압박하기 위해 중상모략을 했던 것으로 보이지만, 그들이 그의 강의 중에 바로 그렇게 했는지는 확실하지 않습니다. 그 부분은 피히테의 투명함과 그를 비방하는 자들의 악의를 명확히 대조하기 위해 제가 상상한 것입니다. 고틀립과 마리 사이의 두 번째 대화 역시 이러한 맥락을 따릅니다. 괴테와 칸트는 피히테에게 등을 돌렸고 그는 집에서 강의를 계속했지만, 그러한 소식에 대한 마리의 반응은 우리에게 전해지지 않았습니다. 반면에 우리에게 전해진 사실은, 쇼펜하우어가 1812년 1월 피히테가 강의했던 서른네 명의 학생 중 한 명이었다는 것입니다.

쇼펜하우어

그비너는 실제로 쇼펜하우어의 원고를 손에 넣었고 그것을 표절하려 했습니다. 결국 그는 발각되었지만, 명백

한 증거 앞에서도 부인했습니다. 이 장의 시작 부분에서 제가 묘사한 내적 독백은 저의 창작입니다.

아르투르와 그의 아버지 사이의 대화는 그럴듯하지만 역사적으로 검증할 수는 없습니다. 다만, 언급된 사건들은 실제로 일어났던 일들입니다.

마지막 장면에 관해서는, 쇼펜하우어가 헤겔의 강의와 같은 시간에 자신의 강의를 배치했던 바로 그 해에 『자기 자신에게(A se stesso)』를 쓰기 시작한 것은 사실이지만, 그가 강의실에서 홀로 남겨졌을 때 바로 글쓰기를 시작했다고 단정할 수는 없습니다.

니체

이 장의 첫머리에 나오는 일화는 여러 자료에 근거하여 보고된 대로 정확하게 기술되었으며, 이 장의 전반부에 묘사된 모든 사실 또한 마찬가지입니다.

두 번째 부분에서 이야기된 내용 역시 여러 자료(학생들의 걱정 포함)를 바탕으로 충실하게 옮겼습니다.

이 장의 세 번째 부분에서 제가 언급하는 모든 사건은 니체의 전기들에 따라 정확하게 묘사되었으며, 루와의 대화 속 대사들도 포함됩니다.

감사의 말

여기까지 읽어 주신 당신에게 가장 먼저 감사의 말씀을 전합니다.

이 책을 쓰는 동안, 과연 어떤 분들이 이 책을 읽게 될까 자주 궁금해했습니다. 아마도 저와 많은 공통점을 가진 분들이 아닐까 생각합니다. 이 책의 각 장에 등장했던 인물들 역시 한 가지 공통점을 가지고 있습니다. 로렌초, 엘리사, 알리체, 소피아를 비롯한 모든 인물은 실제로 존재하는 사람들입니다. 어떤 이야기들은 실제 있었던 일을 바탕으로 했고(이 경우에는 이름을 바꾸었습니다), 또 어떤 이야기들은 제가 만들어 낸 것입니다. 예를 들어, 로렌초와 엘리사는 실제 연인 사이는 아니지만, 둘 다 로맨스 소설과 영화를 무척 좋아하는 친구들입니다. 그들을 위해 작은 사랑 이야기를 만들어 보는 것이 재미있을 것 같았습니다.

이 책에 제 모든 친구들의 이야기를 담은 것은, 매일 제 삶 속에 함께해 주는 그들에게 진심으로 고맙다는 마음을 전하고 싶었기 때문입니다.

이제 몇몇 소중한 분들께 감사의 인사를 전하려 합니다. 제 편집자 프란체스코에게 감사합니다. 저를 믿고 온전한 자유를 주신 덕분입니다.

제 친구 페데리카에게도 감사합니다. 문헌 자료만으로는 요한나 마리 피히테의 성격을 재구성하기 어려웠는데, 페데리카의 성격에서 많은 영감을 얻을 수 있었습니다. 마리라는 인물을 좋아해 주신 분이 있다면, 그것은 곧 페데리카를 좋아해 주신 것과 같습니다.

제가 가진 것이라고는 약간의 열정뿐이었을 때, 제게 진정한 열정이 무엇인지 가르쳐 주신 델라 베도바 교수님께 감사합니다. 교수님, 그리고 아르날도 고등학교에 저는 평생 빚을 진 마음일 겁니다.

저라는 사람에게 처음으로 기회를 준 철학자, 브루노 마스트로이안니에게도 감사합니다.

로마의 유서 깊은 델리카트슨 '안티카 살루메리아'의 철학자 사장님, 지지에게도 감사의 말씀을 전합니다. 세상에서 가장 아름다운 신전 앞에서 세상에서 가장 맛있는 파니니를 제게 싸 주시면서, 그는 소박한 말들로 제게 이런 가르침을 주셨습니다. 우리 각자는 서로 다른 걸음걸

이로 살아가지만, 결코 아무도 혼자 걷는 것은 아니라고 말입니다.

그리고 물론, 저를 키워 주셨고 앞으로도 계속해서 저를 성장시켜 주실 어머니께 감사합니다. 사랑해요, 엄마.

참고 문헌

- 바라키 C. (Baracchi, C.), 『인간의 건축. 아리스토텔레스와 제1철학으로서의 윤리학 (L'architettura dell'umano. Aristotele e l'etica come filosofia prima)』, 비타 에 펜시에로(Vita e Pensiero), 밀라노, 2014.
- 배럿 L. (Barrett, L.), 던바 R. (Dunbar, R.), 라이셋 J. (Lycett, J.), 『인간 진화 심리학 (Human Evolutionary Psychology)』, 프린스턴 대학 출판부(Princeton University Press), 프린스턴 (뉴저지), 2002.
- 보나치 M. (Bonazzi, M.), 『소크라테스 재판 (Processo a Socrate)』, 라테르차(Laterza), 로마-바리, 2020.
- 브라우어 M. (Brauer, M.), 부르히스 R. Y. (Bourhis, R. Y.), 「사회적 권력 (Social power)」, 『유럽 사회 심리학 저널 (European journal of social psychology)』, 2006, 36(4), 601-616쪽.
- 부시먼 B. J. (Bushman, B. J.), 바우마이스터 R. F. (Baumeister, R. F.), 스택 A. D. (Stack, A. D.), 「카타르시스, 공격성, 그리고 설득적 영향: 자기 충족적 예언인가 혹은 자기 파괴적 예언인가? (Catharsis, aggression, and persuasive influence: Self-fulfilling or self-defeating prophecies?)」, 『성격 및 사회 심리학 저널 (Journal of personality and social psychology)』, 1999, 76(3), 367쪽.
- 캠벨 J. D. (Campbell, J. D.), 추 B. (Chew, B.), 스크래츨리 L. S. (Scratchley, L. S.), 「일상 사건에 대한 인지적 및 정서적 반응: 자존감과 자기 복잡성의 효과 (Cognitive and emotional reactions to daily events: The effects of self-esteem and self-complexity)」, 『성격 저널 (Journal of personality)』, 1991, 59(3), 473-505쪽.
- 카를리 R. (Carli, R.), 파니치아 R. M. (Paniccia, R. M.), 『임상 사례들. 임상 심리학에서의 보고서 (Casi clinici. Il resoconto in psicologia clinica)』, 일 물리노(il Mulino), 볼로냐, 2005.
- 카버 C. S. (Carver, C. S.), 샤이어 M. F. (Scheier, M. F.), 잠피에트로 M. (Giampietro, M.) 외, 『성격 심리학 (Psicologia della personalita)』, 피어슨(Pearson), 토리노, 2019.
- 카세르타노 G. (Casertano, G.), 『소크라테스 이전 철학자들 (I presocratici)』, 카로치(Carocci), 로마, 2009.
- 첸트로네 B. (Centrone, B.), 『고대 철학 첫 강의 (Prima lezione di filosofia antica)』, 라테르차(Laterza), 로마-바리, 2015.

- 코즈비 P.C. (Cozby, P.C.), 「자기 노출: 문헌 검토 (Self-disclosure: a literature review)」, 『심리학 회보 (Psychological bulletin)』, 1973, 79(2), 73쪽. 당구르 A. (D'Angour, A.), 『사랑에 빠진 소크라테스 (Socrate innamorato)』, UTET, 토리노, 2020.
- 데인턴 M. (Dainton, M.), 젤리 E.D. (Zelley, E.D.), 「사회 교환 이론들: 상호의존성과 형평성 (Social exchange theories: Interdependence and equity)」, 『가족 커뮤니케이션 이론의 실제적 적용: 다양한 관점들 (Engaging theories in family communication: Multiple perspectives)』, 2006, 243-259쪽.
- 데 루이세 F. (De Luise, F.), 파리네티 G. (Farinetti, G.), 『행복의 역사 (Storia della felicita)』, 에이나우디(Einaudi), 토리노, 2003.
- 다르사나 I.K.I.K. (Dharsana, I.K.I.K.), 다르사나 I.K. (Dharsana, I.K.), 수다르사나 G.N. (Sudarsana, G.N.) 외, 「자기 공격성 개입을 위한 재구성 기법을 활용한 인지 상담 (Cognitive counseling with reframing techniques to intervene in self aggression)」, 『제5회 교육 및 기술 국제 학회 (5th International Conference on Education and Technology (ICET 2019))』, 2019년 1월, 62-64쪽.
- 딜스 H. (Diels, H.), 크란츠 W. (Kranz, W.), 『소크라테스 이전 철학자들의 단편들 (I frammenti dei presocratici)』, 체담(Cedam), 볼로냐, 1958.
- 엘리엇 A.J. (Elliot, A.J.), 디바인 P.G. (Devine, P.G.), 「인지 부조화의 동기적 본질에 관하여: 심리적 불편함으로서의 부조화 (On the motivational nature of cognitive dissonance: Dissonance as psychological discomfort)」, 『성격 및 사회 심리학 저널 (Journal of personality and social psychology)』, 1994, 67(3), 382쪽.
- 페스팅거 L. (Festinger, L.), 『인지 부조화 이론 (A theory of cognitive dissonance)』, 제2권, 스탠퍼드 대학 출판부(Stanford University Press), 레드우드 시티 (캘리포니아), 1957.
- 프롬 E. (Fromm, E.), 『사랑의 기술 (L'arte di amare)』, 일 사지아토레(il Saggiatore), 밀라노, 1985.
- 젠틸리 B. (Gentili, B.), 카테나치 C. (Catenacci, C.), 『고대 그리스 서정시 규범의 시인들 (I poeti del canone lirico nella Grecia antica)』, 펠트리넬리(Feltrinelli), 밀라노, 2017.
- 깁슨 B. (Gibson, B.), 자하우 D. (Sachau, D.), 「자기 제시 전략으로서의 샌드배깅: 실제보다 자신을 낮춰 주장하기 (Sandbagging as a self-presentational strategy: Claiming to be less than you are)」, 『성격 및 사회 심리학 회보 (Personality and social psychology bulletin)』, 2000, 26(1), 56-70쪽.
- 조르지 A. (Giorgi, A.), 『다시는 그림자 속에 있지 않으리 (Mai piu nell'ombra)』, 프랑코안젤리(FrancoAngeli), 밀라노, 2019.

- 골드부름 G. (Goldwurm, G.), 콜롬보 G. (Colombo, G.), 데가라 G. (Degara, G.), 『긍정 심리학. 웰빙을 위한 적용 (Psicologia positiva. Applicazioni per il benessere)』, 에릭슨(Erickson), 트렌토, 2010.
- 그린 M.S. (Green, M.S.), 『자기 표현 (Self-Expression)』, 옥스퍼드 대학 출판부 (Oxford University Press), 옥스퍼드, 2007.
- 그린왈드 A.G. (Greenwald, A.G.), 바나지 M.R. (Banaji, M.R.), 「암묵적 사회 인지: 태도, 자존감, 그리고 고정 관념 (Implicit social cognition: attitudes, self-esteem, and stereotypes)」, 『심리학 리뷰 (Psychological review)』, 1995, 102(1), 4쪽.
- 그린왈드 A.G. (Greenwald, A.G.), 바나지 M.R. (Banaji, M.R.), 러드먼 L.A. (Rudman, L.A.) 외, 「암묵적 태도, 고정 관념, 자존감, 그리고 자기 개념의 통합 이론 (A unified theory of implicit attitudes, stereotypes, self-esteem, and self-concept)」, 『심리학 리뷰 (Psychological review)』, 2002, 109(1), 3쪽.
- 기노트 A. (Guinote, A.), 브라운 M. (Brown, M.), 피스크 S.T. (Fiske, S.T.), 「소수자 지위는 통제감을 감소시키고 해석적 처리를 증가시킨다 (Minority status decreases sense of control and increases interpretive processing)」, 『사회 인지 (Social Cognition)』, 2006, 24(2), 169쪽.
- 홀 E. (Hall, E.), 『아리스토텔레스 방법 (Il metodo Aristotele)』, 에이나우디(Einaudi), 토리노, 2019.
- 히긴스 E.T. (Higgins, E.T.), 「자기 불일치: 자아와 정서를 관련시키는 이론 (Self-discrepancy: a theory relating self and affect)」, 『심리학 리뷰 (Psychological review)』, 1987, 94(3), 319쪽.
- 「자기 불일치 이론: 어떤 자기 신념 패턴이 사람들을 고통받게 하는가? (Self-discrepancy theory: What patterns of self-beliefs cause people to suffer?)」, 『실험 사회 심리학의 발전 (Advances in experimental social psychology)』, 제22권, 아카데믹 프레스 (매사추세츠)(Academic Press (MA)), 1989, 93-136쪽.
- 훅스 B. (Hooks, B.), 『사랑에 관한 모든 것 (Tutto sull'amore)』, 펠트리넬리(Feltrinelli), 밀라노, 2008.
- 얀츠 C.P.(Janz, C.P.), 『니체의 삶 (Vita di Nietzsche)』(3권), 기블리(Ghibli), 밀라노, 2014.
- 라 발레 D. (La Valle, D.), 『감정의 이성. 사회 교환 이론 (La ragione dei sentimenti. Una teoria dello scambio sociale)』, 카로치(Carocci), 로마, 2001.
- 라 보파 A.J. (La Vopa, A.J.), 『피히테: 자아와 철학의 소명, 1762-1799 (Fichte: the Self and the Calling of Philosophy, 1762-1799)』, 케임브리지 대학 출판부(Cambridge

University Press), 케임브리지, 2001.
- 랜드 G. (Land, G.), 자만 B. (Jarman, B.), 「미래 견인: 비전과 목적의 힘 (Future pull: The power of vision and purpose)」, 『퓨처리스트 (The Futurist)』, 1992, 26, 25-27쪽.
- 루이스 B. H. (Lewis B. H.), 『신경증에서의 수치심과 죄책감 (Shame and Guilt in Neurosis)』, 인터내셔널 유니버시티 프레스(International University Press), 뉴욕, 1971.
- 매클렐런드 C. A. (McClelland, C. A.), 「권력과 영향력 (Power and Influence)」, 『정치 권력의 패러다임 (Paradigms of Political Power)』, 라우틀리지(Routledge), 런던, 2017, 35-66쪽.
- 매클렐런드 D. (McClelland, D.), 「성취 동기 이론 (Achievement Motivation Theory)」, J. B. 마이너(Miner) 저, 『조직 행동 1: 동기 부여와 리더십의 필수 이론들 (Organizational Behavior 1: Essential Theories of Motivation and Leadership)』, M. E. 샤프(M. E. Sharpe), 런던, 2005, 46-60쪽.
- 맥윌리엄스 N. (McWilliams, N.), 『임상 사례. 면담에서 진단까지 (Il caso clinico. Dal colloquio alla diagnosi)』, 라파엘로 코르티나(Raffaello Cortina), 밀라노, 2002.
- 『정신분석적 심리치료 (Psicoterapia psicoanalitica)』, 라파엘로 코르티나(Raffaello Cortina), 밀라노, 2005.
- 『정신분석적 진단 (La diagnosi psicoanalitica)』, 아스트롤라비오(Astrolabio), 로마, 2011.
- 모밀리아노 A. (Momigliano, A.), 마스트로친퀘 A. (Mastrocinque, A.), 『로마사 편람 (Manuale di storia romana)』, UTET, 토리노, 2016.
- 몬타넬리 I. (Montanelli, I.), 『그리스인들의 역사 (Storia dei greci)』, 리촐리(Rizzoli), 밀라노, 1959.
- 나코네즈니 P. A. (Nakonezny, P. A.), 덴턴 W. H. (Denton, W. H.), 「부부 관계: 사회 교환 이론 관점 (Marital relationships: A social exchange theory perspective)」, 『미국 가족 치료 저널 (The American Journal of Family Therapy)』, 2008, 36(5), 402-412쪽.
- 나폴리타노 발디타라 L. M. (Napolitano Valditara, L. M.), 『자아, 타자, 전체. 플라톤의 대화편 다시 읽기 (Il sé, l'altro, l'intero. Rileggendo i dialoghi di Platone)』, 미메시스(Mimesis), 밀라노, 2010.
- 『그리스인 윤리학에서의 덕, 행복, 쾌락 (Virtù, felicità e piacere nell'etica dei greci)』, 아엠메(Aemme), 베로나, 2014.
- 『소크라테스식 대화. 역사적 전통과 자기 돌봄을 위한 철학적 실천 사이 (Il dialogo socratico. Fra tradizione storica e pratica filosofica per la cura di sé)』, 미메시스(Mimesis), 밀라노, 2018.

- 파하레스 F.(Pajares, F.), 「자기 효능감 연구의 현재 방향들 (Current directions in self-efficacy research)」, 『동기 부여와 성취의 발전 (Advances in motivation and achievement)』, 1997, 10, 1-49쪽.
- 페네베이커 J.W.(Pennebaker, J.W.), 「정서적 경험에 대해 글쓰기: 치료 과정으로서 (Writing About Emotional Experiences as a Therapeutic Process)」, 『심리 과학 (Psychological science)』, 1997, 8(3), 162-166쪽.
- 페네베이커 J.W.(Pennebaker, J.W.), 시걸 J.D.(Seagal, J.D.), 「이야기 형성: 서사의 건강상 이점 (Forming a story: The health benefits of narrative)」, 『임상 심리학 저널 (Journal of clinical psychology)』, 1999, 55(10), 1243-1254쪽.
- 페릴리 L.(Perilli, L.), 타오르미나 D.P.(Taormina, D.P.), 『고대 철학. 역사적 및 텍스트적 여정 (La filosofia antica. Itinerario storico e testuale)』, UTET, 토리노, 2012.
- 피에로 A.(Pierro, A.), 『권력에 대한 심리사회적 관점들 (Prospettive psicologico-sociali sul potere)』, 프랑코안젤리(FrancoAngeli), 밀라노, 2006.
- 프리도 S.(Prideaux, S.), 『나는 다이너마이트다. 프리드리히 니체의 삶 (Io sono dinamite. Vita di Friedrich Nietzsche)』, UTET, 토리노, 2019.
- 라파엘리 E.(Rafaeli, E.), 힐러 A.(Hiller, A.), 「자기 복잡성 (Self-Complexity)」, 『성인 회복탄력성 핸드북 (Handbook of adult resilience)』, 2010, 171쪽.
- 라파엘리-모르 E.(Rafaeli-Mor, E.), 스타인버그 J.(Steinberg, J.), 「자기 복잡성과 웰빙: 검토 및 연구 종합 (Self-complexity and well-being: A review and research synthesis)」, 『성격 및 사회 심리학 리뷰 (Personality and Social Psychology Review)』, 2002, 6(1), 31-58쪽.
- 라멜리 I.(Ramelli, I.), 『일곱 현자들. 생애와 의견 (I Sette Sapienti. Vite e opinioni)』, 봄피아니(Bompiani), 밀라노, 2005.
- 레알레 G.(Reale, G.), 『플라톤. 비밀스러운 지혜를 찾아서 (Platone. Alla ricerca della sapienza segreta)』라 나베 디 테세오(La nave di Teseo), 밀라노, 2019.
- 『소크라테스. 인간 지혜의 발견 (Socrate. Alla scoperta della sapienza umana)』, 라 나베 디 테세오(La nave di Teseo), 밀라노, 2019.
- 라이스 I.L.(Reiss, I.L.), 「섹슈얼리티로의 사회학적 여정 (A sociological journey into sexuality)」, 『결혼과 가족 저널 (Journal of Marriage and the Family)』, 1986, 48(2), 233-242쪽.
- 론코로니 A.(Roncoroni, A.), 가치히 R.(Gazich, R.), 마리노니 E.(Marinoni, E.) 외, 『라틴어의 요소들 (Elementia Latinitatis)』, 몬다도리 에듀케이션(Mondadori

Education), 밀라노, 2012.
- 섹스턴 J.D.(Sexton, J.D.), 페네베이커 J.W.(Pennebaker, J.W.), 「표현적 글쓰기의 치유력 (The healing powers of expressive writing)」, 『창의적 글쓰기의 심리학 (The psychology of creative writing)』, 2009, 264-273쪽.
- 시겔 D.J.(Siegel, D.J.), 『관계적 마음. 대인 경험의 신경생물학 (La mente relazionale. Neurobiologia dell'esperienza interpersonale)』, 라파엘로 코르티나(Raffaello Cortina), 밀라노, 2013.
- 스나이더 M.(Snyder, M.), 탄케 E.D.(Tanke, E.D.), 버샤이드 E.(Berscheid, E.), 「사회적 지각과 대인 행동: 사회적 고정 관념의 자기 충족적 본질에 관하여 (Social perception and interpersonal behavior: On the self-fulfilling nature of social stereotypes)」, 『성격 및 사회 심리학 저널 (Journal of Personality and social Psychology)』, 1977, 35(9), 656쪽.
- 스펜서 B.A.(Spencer, B.A.), 「창의적 전략 개발을 위한 리프레이밍 기법들 (Reframing techniques for creative strategy development)」, 『SAM 경영학 고급 저널 (SAM Advanced Management Journal)』, 1990, 55(1), 4쪽.
- 스태퍼드 L.(Stafford, L.), 카이퍼 K.(Kuiper, K.), 「사회 교환 이론들: 개인 관계의 보상과 비용 계산하기 (Social exchange theories: Calculating the rewards and costs of personal relationships)」, D.O. 브레이스웨이트(Braithwaite) 편, 『대인 커뮤니케이션 이론의 실제적 적용 (Engaging Theories in Interpersonal Communication)』, 라우틀리지(Routledge), 런던, 2021, 379-390쪽.
- 스틸 J.L.(Steel, J.L.), 「신뢰와 자기 노출의 대인 관계적 상관관계 (Interpersonal correlates of trust and self-disclosure)」, 『심리학 보고서 (Psychological Reports)』, 1991, 68(3 suppl.), 1319-1320쪽.
- 트라바토니 F.(Trabattoni, F.), 『플라톤의 철학. 진리와 인간 이성 (La filosofia di Platone. Verità e ragione umana)』, 카로치(Carocci), 로마, 2020.
- 베르사체 A.(Versace, A.), 「다문화 사회에서의 "피그말리온": 행동 확인 ("Pigmalione" nelle società multiculturali: la conferma comportamentale)」, 『상호문화 연구 회보 (Quaderni di Intercultura)』, 2017.
- 윈터 D.G.(Winter, D.G.), 「개인 안의 권력: 권력의 동기적 기반 탐구 (Power in the person: Exploring the motivational underground of power)」, A. 기노트(Guinote), T.K. 베시오(Vescio) (편), 『권력의 사회 심리학 (The Social Psychology of Power)』, 길퍼드 프레스(Guilford Press), 뉴욕, 2010.

지은이 베네데타 산티니 Benedetta Santini

교사이자 심리학자. '철학은 쓸모없다', '헤겔은 너무 어렵다' 같은 말을 듣는 일에 지친 그녀는 철학의 대중화를 목표로 2020년에 소셜 프로필 '철학과 카페인'을 설립했다. 그녀는 TEDx 연사였으며 TikTok에서도 활발히 활동하고 있다. 어린이들에게 소크라테스를 설명할 때 가장 큰 보람을 느낀다.

플라톤, 나는 불안에 시달리고 있어요

초판 1쇄 2025년 11월 26일

지은이 베네데타 산티니
옮긴이 박건우

펴낸곳 데이원
출판등록 2017년 8월 31일 제2021-000322호

ⓒ 베네데타 산티니, 2025
ISBN 979-11-7335-164-8 03100

* 잘못된 책은 구입하신 서점에서 바꾸어 드립니다.
* 이 책의 전부 또는 일부를 이용하려면 저작권자와 펜슬프리즘(주)의 서면 동의를 받아야 합니다.
* '도서출판 데이원'은 펜슬프리즘(주)의 임프린트입니다.
pencilprism.co.kr

습니다. 세상으로부터 그들을 소외시켰던 그들만의 독특한 사유 방식은, 역설적이게도 그들을 구원으로 이끈 길이 되었습니다.

  그들은 마침내 세상 속에서 자신만의 자리를 개척해 낸 철학자들이며, 오늘날 우리가 각자의 자리를 찾아가는 고독한 여정에 따뜻한 위로와 빛나는 지혜를 건네줄 것입니다.

일같이 '집'이라 부를 수 있는 안식처를 향한 쓰라린 갈망을 안고 살아갑니다. 언젠가 편안히 숨 쉴 수 있는 그날을 고대하며, 매 순간 숨 막히는 삶을 이어 가는 것과 같죠. 세상 속 자신의 자리를 찾기 위해 끝없는 여정을 떠나지만, 그 길은 좀처럼 끝이 보이지 않습니다. 깊은 어둠이 드리울 때면, 진정 자기 자신으로 온전히 존재할 수 있는 곳이 과연 세상에 있기나 한 것인지 깊은 회의감에 휩싸이기도 합니다.

남들과는 다르다는 생각에 잠기면서도, 동시에 자신에게는 아무런 특별함도 없을지 모른다는 두려움에 사로잡히곤 합니다. 때로는 가슴을 짓누르는 그 무게감에 짓눌려, 다른 이들과 그저 편안하게 어울릴 수만 있다면 차라리 자신의 일부를 기꺼이 포기하겠다는 생각에 무릎 꿇기도 합니다. 하지만 또 어떤 순간에는, 진정한 자기 자신으로 남기 위해 온 힘을 다하며, 평면적이고 하찮아 보이며 때로는 잔인하기까지 한 세상을 향해 울분을 터뜨리기도 합니다.

홀로는 결코 이기기 힘겨운 싸움입니다.

이 책에 담긴 이야기들은 바로 그런 여덟 명의 '아토포이'들에 관한 기록입니다. 그들은 막강한 권력자들과 맞서 싸워야 했고, 뼈아픈 실망과 버려짐의 고통을 견뎌 내야 했으며, 무엇보다도 자기 자신과의 치열한 싸움을 멈출 수 없었

서론

이 책은 세상 속에서 어딘가 제자리를 찾지 못하고 겉도는 듯한 이들, 그리스어로 표현하자면 '아토포스(atopos)'라 불릴 만한 사람들을 위한 이야기입니다.

이처럼 '아토포스'로 처음 불렸던 인물 중 하나는 소크라테스였던 것으로 전해집니다. 그는 너무나 기이하고 때로는 주변 사람들을 성가시게 만드는 존재로 여겨졌다고 하죠. 그 후로, 모든 철학자들은 '아토포이(atopoi, 아토포스의 복수형)', 즉 '제자리를 벗어난 사람들'로 간주되었습니다. 그들의 삶은 손에 잡힐 듯 잡히지 않는 무언가를 향한 고통스러운 탐색으로 가득했고, 세상의 진정한 일부가 되지 못한 채 늘 한 걸음 물러선 외부자의 시선으로 세상을 바라보았습니다.

자신이 있어야 할 곳에 있지 않다고 느끼는 사람은, 매

차례

서론　　　　　　　　　　　　008

탈레스　　　　　　　　　　　011
소크라테스　　　　　　　　　035
플라톤　　　　　　　　　　　069
아리스토텔레스　　　　　　　107
세네카　　　　　　　　　　　133
피히테　　　　　　　　　　　165
쇼펜하우어　　　　　　　　　207
니체　　　　　　　　　　　　239

결론　　　　　　　　　　　　284

저자의 말　　　　　　　　　287
감사의 말　　　　　　　　　295
참고 문헌　　　　　　　　　298

일러두기—역자의 말

이 책은 이탈리아 원서를 번역한 것으로 괄호 안 알파벳 표기는 대부분 이탈리어입니다.

때로는 고통스러울 만큼 뜨겁게 타오르지만,

결국엔 길을 밝혀 주는 내면의 불꽃을 간직한 모든 이에게

© 2022 Mondadori Libri S.p.A., Milano
This edition was published by arrangement with Icarias Agency
All rights reserved.
Korean Translation Rights © Pencilprism, Inc.

이 책의 한국어판 저작권은 Icarias Agency를 통해 Mondadori Libri S.p.A.와
독점 계약한 펜슬프리즘(주)에 있습니다. 저작권법에 의하여 한국 내에서
보호를 받는 저작물이므로 무단전재와 복제를 금합니다.

플라톤, 나는 불안에 시달리고 있어요

베네데타 산티니 지음
박건우 옮김

Thales
Socrates
Platon
Aristotle
Seneca
Fichte
Schopenhauer
Nietzsche

데이원

플라톤, 나는 불안에 시달리고 있어요